Citizen of Oblivion

ALSO AVAILABLE IN THIS SERIES

Selected Poems

Adam / Adán
Square Horizon / Horizon carré
Equatorial & other poems / Ecuatorial y otros poemas
Arctic Poems / Poemas árticos
Paris 1925: Ordinary Autumn & All of a Sudden / Automne régulier & Tout à coup
Skyquake / Temblor de cielo

Manifestos / Manifestes

El Cid / Mío Cid Campeador
Cagliostro
Three Huge Novels / Tres inmensas novelas (with Hans Arp)

SCHEDULED FOR FUTURE PUBLICATION:

Painted Poems

Seeing and Touching / Ver y palpar
Last Poems / Últimos poemas
Uncollected Poems / Poemas inéditos

Adverse Winds / Vientos contrarios

Volodia Teitelboim: *Vicente Huidobro — in perpetual motion. A Biography*

Vicente Huidobro

Citizen of Oblivion
(1924–1934)

El ciudadano del olvido

*Translated from Spanish
by Tony Frazer*

Shearsman Books

First published in the United Kingdom in 2021 by
Shearsman Books Ltd
PO Box 4239
Swindon
SN3 9FN

Shearsman Books Ltd Registered Office
30–31 St. James Place, Mangotsfield, Bristol BS16 9JB
(this address not for correspondence)

www.shearsman.com

ISBN 978-1-84861-694-3

Translations and notes copyright © Tony Frazer, 2021.

The right of Tony Frazer to be identified as the translator
of this work has been asserted by him in accordance with the
Copyrights, Designs and Patents Act of 1988.
All rights reserved.

Acknowledgements

El ciudadano del olvido was originally published in Santiago, Chile, in 1941 by Ediciones Ercilla. The text here is based on the 1941 edition, with further input from Vicente Huidobro, *Obra poética*, ed. Cedomil Goic (Paris: ALLCA, 2003). The four French versions in the Appendix are manuscript versions sourced from the same *Obra poética*.

A few of these translations first appeared in Vicente Huidobro, *Selected Poems*, ed. Tony Frazer (Bristol: Shearsman Books, 2019). Most have been revised for this edition.

CONTENTS

Introduction 7

12	Preludio de esperanza / Prelude to Hope	13
18	En secreto de flor / Secretly Flowering	19
22	Un rincón olvidado / A Forgotten Place	23
24	Vagabundo / Drifter	25
26	Más allá / Afterlife	27
28	Irreparable, nada es irreparable / Irreparable, Nothing Is Irreparable	29
32	De vida en vida / From Life to Life	33
36	Comaruru / Comaruru	37
42	Atmósfera sin retorno / Atmosphere with No Return	43
46	Vocación de altura / Head for Heights	47
48	Rincones sordos / Quiet Places	49
50	La flor encadenada / The Flower in Chains	51
54	Imposible / Impossible	55
58	Para llorar / Enough to Make You Weep	59
62	Dominio / Domain	63
64	Puede venir / It Might Happen	65
66	Actual / Now	67
68	Para andar y mirar / To Walk and to Watch	69
70	Pequeño drama / Little Drama	71
74	Tinieblas tras el tiempo / Darkness After Time	75
76	Reposo / Rest	77
80	Solo / Alone	81
82	Tríptico a Stéphane Mallarmé / Triptych for Stéphane Mallarmé	83
92	Realidad creciente / Growing Reality	93
96	Aire y luz / Air and Light	97
98	Entre dos viajes / Between Two Journeys	99
102	Tiempo de espera / Waiting Time	103
106	Impulso / Impulse	107
108	Tiempo de alba y vuelo / Time of Dawn and Flight	109
112	Viajero / Traveller	113
114	Aquí estamos / Here We Are	115
116	La raíz de la voz / The Roots of the Voice	117

120	Miedo de antaño / Fear of Years Gone By	121
126	La noche cantaba un día / The Night Sang One Day	127
132	Balada de lo que no vuelve / Ballad of What Won't Return	133
136	Soledad inaccesible / Inaccessible Solitude	137
142	Al oído del tiempo / In Time's Ear	143
146	Esa angustia que se nos pega / That Anxiety Which Clings to Us	147
150	La vida al aire / Life in the Air	151
152	Intimidad / Intimacy	153
156	Altura propia / My Own Height	157
158	Ansia / Eagerness	159
160	Un día vendrá / A Day Will Come	161
164	Infancia de la vida / Life's Childhood	165
166	Infancia de la muerte / Death's Childhood	167
168	Camino inútil / Useless Path	169
170	Boca de corazón / Mouth of the Heart	171
174	Aliento / Breath	175
176	En vida / In Life	177
180	Inmóvil / Immobile	181
184	De alto a bajo / From Top to Bottom	185
188	Hastío color carne / Boredom Flesh Coloured	189
192	Venida al tiempo / Arrived at the Same Time	193
196	Transfiguración / Transfiguration	197
200	Entre uno y otro / Between One and the Other	201
204	Viajero sin fin / Non-Stop Traveller	205
208	Sino y signo / Fate and Destiny	209

Appendix: French Versions

214	Thermocoeur / Thermoheart	215
218	Impossible / Impossible	219
222	Seul / Alone	223
224	Ennui couleur chair / Boredom Flesh Coloured	225

	Notes on the Text	228

VICENTE HUIDOBRO'S FINAL PUBLICATIONS

Vicente Huidobro was born in Santiago de Chile in 1893; he died of a brain hæmorrhage in Cartagena, Chile on 2 January 1948, a few days before his fifty-fifth birthday.

After some early literary successes and the publication of several books, Huidobro left Chile with his family in late 1916, bound first for Madrid, and then for Paris. While he very much wanted to see what was happening in the world's artistic capital, the initial impetus for the move had in fact been the avoidance of further scandal at home, the origin of which lay in Huidobro's trip that same year to Buenos Aires with Teresa Wilms Montt (1893–1921). The pair certainly had an affair, but the event also had a *somewhat* more gentlemanly aspect, as Huidobro had engineered Teresa's escape from the Santiago convent in which she had been immured by her irate husband, following *her* affair with one of her husband's cousins. Teresa was to develop her own literary career in Buenos Aires and would later move on to Europe, where she was to commit suicide in 1921. Huidobro continued to remember her long afterwards, and the daring escape to Argentina prefigured his later exploits with Ximena Amunátegui, who was to become his second wife.

In Paris he threw himself into the artistic avant-garde, founding a Cubist magazine, *Nord-Sud*, with Pierre Reverdy and establishing friendships with Juan Gris, Picasso, Picabia and Lipchitz, as well as with poets such as Apollinaire, Cendrars and Cocteau. In July of 1918, to escape the war, he moved to Madrid where he participated in the *tertulia* (literary salon) of Ramón Gómez de la Serna at the Café Pombo; he also came into contact with significant young writers such as Gerardo Diego, Jorge Luis Borges and Juan Larrea.

In late 1918 Huidobro was obliged to return to Chile for his sister's wedding. He hoped to take literary Santiago by storm, but instead met with a blank wall of conservatism and indifference. He returned to Paris in 1920 and, in 1921, published a selected poems, *Saisons choisies* [Selected Seasons], which included a statement of his aesthetic principles, 'La Création pure' [Pure Creation]. But Huidobro's Creationism – a kind of literary cubism, which argued for the independence of artistic works from observable reality – was soon overtaken by Surrealism and the craze for automatic writing, which he rejected as 'the reduction of poetry to a simple, after-dinner, family pastime'. Creationism was a useful label, a marketing slogan in modern terms, under which attention was sought, and gained. As is still the case today, commentators happily discussed the supposedly attendant theories rather than the works that exemplified them.

In 1925, he issued two further collections of poetry in French, *Automne régulier* [Ordinary Autumn] and *Tout à coup* [All of a Sudden], which show him taking on board lessons from Dada and Surrealism, although signs of a different kind of development were to be found in parallel with these endeavours, as he had already begun publishing sections from the work-in-progress *Altazor*, in Spanish – although it seems to have been begun in French – in literary journals. 1925 also saw the publication of a collection of his manifestos, but later that year he returned once again to Chile to get involved in politics, an unsuccessful foray which was followed by his scandalous relationship with the sixteen-year-old Ximena Amunátegui (1910–1975), a relative by marriage, whom he would later marry, after abandoning his first wife and four children. The beginnings of this relationship, in which, after meeting her at a costume ball, Huidobro published a long love poem, 'Pasión, pasión y muerte' [Passion, Passion and Death] in Santiago's *La Nación* newspaper on Easter Saturday, obliged Huidobro to leave Chile, first for Paris, then in 1927 for New York, where he came close to becoming involved in the film business. He met Douglas Fairbanks and Gloria Swanson, and even won a prize of US$10,000 (ca. $150,000 in 2021 dollars) for his film-script, *Cagliostro* – later converted into a novella – as being the best candidate for a new movie. Nothing came of this, because of the arrival of the *talkies* shortly afterwards, which immediately rendered the expressionist silent style of *Cagliostro* out of date.

Back in Paris again in 1928, with his young second wife, Huidobro completed his two major works, *Altazor* and *Temblor de cielo* [Skyquake] – he claimed that the former had been begun as far back as 1919 – as well as the novel *Mío Cid Campeador* (available in this series under the title *El Cid*).

In 1932 the recession in Europe necessitated Huidobro's return to Chile. Politically at this time, he was a man of the Left, although in the 1940s he would become a militant anti-Communist. At the outbreak of the Spanish Civil War, Huidobro organised Chilean intellectuals in support of the Republic and in 1937 he was in Spain again, with Líster's troops on the Aragón front and took part in anti-fascist literary conferences in Madrid and Valencia.

By the end of the 1930s, however, Huidobro was thoroughly disillusioned with politics, which he described as 'the art of lying, of concealing, of falsifying, of dirtying life, of buying and selling consciences'. He was also deeply affected by the death of his mother, and then by the collapse of his second marriage: Ximena had found new love with a younger suitor, the Argentine-born poet and architect Godofredo Iommi (1917–2001), going on to marry him after separating from Huidobro – her marriage to Huidobro having no legal standing.

Escaping these events, Huidobro went to France in 1944 as a war correspondent for newspapers in Montevideo and Buenos Aires and was with Allied troops in Germany, even broadcasting from Paris on The Voice of America. During this period Huidobro was wounded twice and was obliged to go to London for medical treatment. When at last in 1945 he returned to Chile it was with a new partner, Raquel Señoret (1922–1990), who had previously been married to the English writer, John Watney, and was the daughter of the former Chilean Ambassador to the United Kingdom – he had passed away during the war. The couple set up home in Cartagena, a coastal resort south of Valparaíso, in a property that had been bequeathed to Vicente by his father. In the short time left to him, Huidobro took little interest in contemporary Chilean poetry.

* * *

El ciudadano del olvido was published in 1941 in Santiago, along with *Ver y palpar*, a book of similar size, the two volumes mopping up the majority of Huidobro's uncollected Spanish-language poems from the period 1922 to 1936 – most of the remainder were assembled in the posthumous *Últimos poemas* (Last Poems, 1948). At this distance it seems odd that he would yet again put out simultaneous poetry collections – he had done so before, in 1917, 1918, 1925 and 1931 – but I suspect that he felt the need to secure his literary legacy at a time when the world was in flames, his own marriage was disintegrating, and his literary position in Chile was insecure, notwithstanding his headline appearance in the *Antología de poesía chilena nueva* [Anthology of New Chilean Poetry], edited by Eduardo Anguita and Volodia Teitelboim in 1935. The two new books represented a substantial body of work – a total of some 275 pages in the original editions – which went some way towards clarifying what he had been up to in the wake of (and, indeed, at the same time as) those two astonishing publications in 1931. Sadly, he had been unable to consolidate his literary position in Madrid and Paris in the wake of those books, as financial considerations in the wake of the Wall Street crash meant that he and Ximena had had to return to Santiago.

In 1941, Huidobro had no Chilean publisher, and, according to Godofredo Iommi, he only managed to persuade Ediciones Ercilla to issue the two new poetry collections by giving them the rights to a new edition of his novel, *Mío Cid Campeador*, which was the nearest he had ever come to a best-seller. Iommi reported helping Huidobro to pile up the unsold copies of the books in his Santiago apartment.[1]

In my view, these two collections from 1941 include some of Huidobro's finest work, something that commentators have tended to ignore, preferring usually to engage with *Altazor*, the great avant-garde long poem published in 1931, or with the earlier ground-breaking books such as *Poemas árticos*, and their attendant Creationist theory. One reason perhaps for this lack of engagement is that the poems do not appear to show much overt sign of Creationism – just as Picasso's paintings of this period show little trace of Cubism – and are no longer dominated by the grand epic poet-figure striding across the landscape, dominating all that he surveys.

El ciudadano del olvido contains *quieter* poetry and it has a much more elegiac tone than did the previous books; some of the poems indeed evoke a sense of despair – no doubt being in part a reflection of the difficult 1930s, with the after-effects of a worldwide financial crash, the rise of Fascism in Europe, the Spanish Civil War, and finally the collapse of the author's own marriage to Ximena. The book is also shot through with surrealist imagery, notwithstanding the author's earlier imprecations against that movement. The fact is that Hispanic poetry of the 1930s, and indeed later, is – like French poetry of the same period – indelibly marked by Surrealism. Both books include some lesser poems (which is inevitable in the summing-up exercise that these volumes represent), but alongside the filler pages there are poems that are amongst the finest that he wrote. It has been a privilege to engage with them for this Huidobro project, and I only hope that more translators take these poems on in future: poetry always repays multiple translations, and the poems in this book necessitated some *very* difficult choices on my part, so much so that many lines could in fact be read in a very different way. Part of translation

---

[1] Story told by Iommi to Volodia Teitelboim, who reported it in his biography of Huidobro, *La marcha infinita*, Santiago, 2016 [1993], a translation of which will be published by Shearsman Books in 2022.

is *choosing*; I hope the choices I have made here are sufficient to give at least a solid impression of the poet's achievement.

I am enormously grateful to Terence Dooley and Valentino Gianuzzi for having read over some of these translations when I found myself in difficulty. Their suggestions, indeed solutions, have greatly improved the final results. I am solely to blame for any infelicities that remain, however.

Tony Frazer
October, 2021

PRELUDIO DE ESPERANZA

Cantas y cantas hablas y hablas
Y ruedas por el tiempo
Y lloras como lirio desatado
Y suspiras entre largos agonizantes que no saben qué decir
A veces también ríes con tus huesos de gran noche
Señalados en su sitio de esqueleto
Designados en su trozo de tierra saludando al cielo
Pide conformidad para tus altos intereses
En el país de la esperanza que despierta en tus costillas
Pide lección al árbol acusado por sus excesos
Y sus alas habituadas a todo trance
Escucha la salida del río escucha la sombra adentro de la flor

Cantas y cantas hablas y hablas
Y sueñas que la especie olvidará tinieblas
Pronto pronto el olvido del llanto
Las lágrimas armadas de tan lejana luz
Como animales numerados que van saliendo del mar
Pronto el olvido de tanta sombra suspirado
Pronto el futuro de horizontes que conoce su pasión

Cantas y cantas
Y tienes una voz acumulada
Tienes una voz con ciertos lados dolorosos
Y ciertos rincones impacientes
Y gotas de astros perdidos por su tierno corazón
Tienes cascadas en tus regiones más pensadoras
Tienes objetos convertidos en vidrio al fondo de tus ojos
Tienes rutas nacidas para el oscuro sonar de la garganta
Puedes hacer un nudo de puertas con tus enigmas
Y así mismo desatar el tiempo entre sonidos y presagios
Puedes dar una parte a tu luz en el camino mismo

PRELUDE TO HOPE

You sing and sing you talk and talk
And you roll on through time
And you weep like a wild lily
And you sigh in long agonizing gasps that don't know what to say
At times too you laugh with your bones from the big night
Articulated correctly in the skeleton
Fixed to their piece of earth greeting the sky
Beg approval for your elevated interests
In the land of hope which awakens in your ribs
Beg lessons from the tree accused for its excesses
And its wings accustomed to whatever difficulty
Listen to the river's departure listen to the shadow inside the flower

You sing and sing you talk and talk
And you dream that the species will forget darkness
Soon soon forgetting your lament
Tears armed with such a distant light
Like numbered animals emerging from the sea
Soon forgetting so many desired shadows
Soon the future of horizons that know their passion

You sing and sing
And you have a voice stored up
You have a voice with some painful sides to it
And some impatient patches
And drops of stars lost by its tender heart
You have waterfalls in your most thoughtful regions
You have objects turned to glass in the depths of your eyes
You have roads born for the dark sound of your throat
You can tie a knot of doors with your riddles
And just like that unleash time amongst the sounds and portents
You can give your light part of it on the road itself

Hablas y hablas
Y ya sabemos que es como el ruido de la lluvia
Que cae de cabeza sobre el campo
Pero tu ruido lleva sueños y puntas de hojas pensativas
Lleva un bronce que ha escarbado cenizas y montañas

Cantas y cantas lloras y lloras
Y en tu llorar hay el combate de la muerte y de la marcha
Todas las últimas batallas con su color de límite
Y en tu silencio crecen árboles tan decididos como las borrascas
Y la muerte obedece a su mundo tembloroso
Ardiendo en sueños de clave visionaria

Hablas y hablas miras y miras
Y sientes la corteza que te separa de las ansias ajenas
Sientes desde adentro de ti mismo
Los impulsos del mundo los latidos de la tierra
Y los tormentos de todas las crisálidas
En su escafandra de enigmas
Sientes las alas ciegas de tus signos jadeantes
Y esa agua olvidada de sus mares que corre en tus arterias

Cantas y cantas ríes y ríes
Y tienes una dulzura que te come los huesos
Y oyes crujir la tierra que no sabe su nombre
Y le duelen los árboles
Le duele el mar con todas sus olas
Le duele el paso de los hombres
Y los arroyos oscuros que se entrecruzan
En un pacto ungido por la nobleza de sus años

Lloras y lloras miras y miras ríes y ríes
Y te detienes pensativo en medio de tantos ecos
En esta tierra de entusiasmos secretos
En estos vientos que traen apariencias de destinos
Y contemplas de un lado el empezar del mundo

You talk and talk
And we know already that it's like the sound of the rain
Falling head first onto the fields
But your noise bears dreams and tips of thoughtful leaves
Bears a horn which has scoured ashes and mountains

You sing and sing you weep and weep
And in your weeping there is the conflict between death and progress
All the final battles with their boundary colour
And in your silence trees grow as resolutely as storms
And death obeys its trembling world
Burning in dreams with a visionary slant

You talk and talk you watch and watch
And you feel the kindness that separates you from the longing of others
You sense from deep inside yourself
The desires of the world the throbbing of the earth
And the torture of all chrysalids
In their diving suits of enigmas
You feel the blind wings of your gasping signs
And that forgotten sea water which runs through your veins

You sing and sing you laugh and laugh
And you have a sweetness eating away at your bones
And you can hear the creaking earth that doesn't know its name
And the trees are in pain
The sea is in pain with all its waves
Pain caused by the footsteps of men
And criss-crossing dark streams
In a pact anointed by the nobility of their years

You weep and weep you watch and watch you laugh and laugh
And you stop in thought amidst so many echoes
In this earth of secret enthusiasms
In these winds which bear the illusion of fate
And from one side you contemplate the beginning of the world

Del otro la noche de vidrios espantados
Y te vas y buscas ansioso
Esa música rasgada por donde se evade la casa
Y desaparece moviendo el corazón entre fantasmas
Cuando el sol te reemplaza de repente
Que quieres que te diga
A tiempo de mirar caen las plumas
Como vejez de palabra en traje de alma
Qué quieres que te diga
El mundo baja por tus angustias a tu encuentro

Cantas y cantas hablas y hablas
Y te olvidas de todo para que todo te olvide
Hablas y hablas cantas y cantas
Lloras y lloras miras y miras ríes y ríes
Y te vas en silueta de aire

From the other side the night with frightened windows
And you go away and you look anxiously
For that torn music through which the house escapes
And disappears moving the heart amongst phantoms
When the sun suddenly replaces you
What do you want me to tell you
As I watch the feathers fall
Like an elderly word costumed with soul
What do you want me to tell you
The world bows to your distress upon meeting you

You sing and sing you talk and talk
And you forget everything so that everything will forget you
You talk and talk you sing and sing
You weep and weep you watch and watch you laugh and laugh
And you leave in a silhouette of air

EN SECRETO DE FLOR

Amapola amapola
Voy a tener treinta años
Tantas vueltas del azul y mis sonidos prisioneros
Como el incendio que va a consumir las selvas
O la mujer fatal entre sus nervios
Cantando sobre el mundo o adentro de mis enigmas
O en los puertos que se alejan
Llevados por el viento

Amapola amapola
La dureza del mundo gotea en los abismos
Como la entrega del sepulcro
El silencio galopa en su zona de naufragios
Siguiendo la aventura enfermiza del corazón
Del prisionero en su lazo de lejanías
Con miedo a la soledad y al rumor de los mundos
Cuando tiemblan los huesos de los astros

Amapola amapola
Aúllan los caminos se agitan las fronteras
El cielo se abre para dejar caer la nieve que viene de sus años

El cielo se abre y por sus vidrios delirantes
Resbala el llanto de los mundos enfermos
Amapola amapola
Qué locura nos ha hecho nacer
De donde viene esta substancia de amargura
Y esta atmósfera dolorida y sangrienta que siembra flores después de
[la tarde
Y nos une a raíces de malhadados sortilegios

Amapola amapola
Libértanos de la demencia humana

SECRETLY FLOWERING

Poppy poppy
I am about to turn thirty
So many orbits of the blue and my voice a prisoner
Like the fire that is about to consume the forests
Or the jittery *femme fatale*
Singing above the world or inside my enigmas
Or in the harbours that are receding
Borne away by the wind

Poppy poppy
The harshness of the world drips into the abyss
As if delivered by the sepulchre
Silence gallops in its wreckage zone
Following the sickly adventure of the heart
Of the prisoner trapped some distance away
Fearing loneliness and the rumour of worlds
When the bones of stars tremble

Poppy poppy
The roads howl the frontiers toss and turn
The sky opens up to drop the snow that comes with its years

The sky opens and through its delirious windows
The weeping of sick worlds slips away
Poppy poppy
What madness caused us to be born
Where does this bitter substance come from
And this aching and bleeding atmosphere that sows flowers after sundown
And unites us with the source of evil spells

Poppy poppy
Set us free from human folly

Abre las puertas derrumba las murallas
Rompe los límites del alma
Despierta todo lo que duerme en mis rincones
Todo lo que me está quemando con su anhelo
Lo que habla tembloroso en mi memoria
Lo que da la medida del tormento

Amapola amapola
Cuando mi vida no sentía sus distancias
Cuando la fiebre cantaba sus mares
Y abría los horizontes de sus cataclismos
Yo no conocía el peso de mi muerte
El árbol propio tenía sus playas
Y un catafalco de planetas para la actitud cotidiana
Asustado de pensar cubría la luz con mis palomas
Temblaba de soledad y miraba los ojos del espanto
El delirio de las selvas me alcanzaba
Y no podía huir
La voluntad se me dormía sobre una estrella

Amapola amapola
Siento venir el torbellino siento el atardecer hermano
La sed de mundos que se elevan
Y un inmenso futuro de hombres realizados
La violencia del sueño ardiendo en mis adentros
Exige tal destino que no sé qué podría pasar
Una mujer no es suficiente augurio
Siento que se prepara el otoño
Y que algo llora en donde empieza el alma

Open the gates break down the walls
Break the boundaries of the soul
Awaken everything that sleeps in my haven here
Everything that's burning me up with its longing
That speaks shivering in my memory
That measures the degree of torment

Poppy poppy
When my life did not feel its remoteness
When fever sang its seas
And opened the horizons of its cataclysms
I did not know the weight of my death
The tree had its own beaches
And a catafalque of planets for the day-to-day mood
Frightened of thinking I covered the light with my doves
I trembled with loneliness and looked into the eyes of terror
The delirium of forests reached me
And I could not flee
Willpower sent me to sleep on a star

Poppy poppy
I sense the whirlwind coming I sense the brother sunset
The thirst for worlds rising up
And an immense future for accomplished men
The violence of the dream burning deep within me
Demands such a fate that I know not what might happen
A woman is not omen enough
I can feel autumn coming
And something weeping where the soul begins

UN RINCÓN OLVIDADO

Pañuelos y adioses para los enfermos en sanatorios de nieve.

Ventajoso desierto de los reyes. En la Europa Oriental los votos de los monjes y las dínamos son afiches de plazas populosas.

Los potros del circo galopan sobre los sentimientos indeseables. En magnífico estado el milagro de las situaciones especializadas, la tempestad cargada de echarpes como los inviernos en Suiza.

Controlad la geografía y decidme en dónde está la muerte electrizada, en dónde está la Tierra Prometida.

A través de tantos jardines de ecos la ternura acumula sus programas. La temperatura cambia sus probabilidades sobre la inmensidad azul.

Panorama de flor único en el mundo y sol reputado como los oradores de moda.

Lobos a la mejor interpretación universal perseguidos por las noches sin clemencia como los sacudimientos sísmicos de las neuróticas.

Cambio de palomas en el cielo.

Regalos para mañana y premios de *matches* o carreras de accidentes. Reparad la mandíbula para decir: te amo.

La mujer que tiene su cascada de perfumerías como la miserable sentada en un pequeño jardín del aeródromo, sólo son una instalación de trampas de sábana, una *féerie* adecuada a la felicidad como colonia en viaje sobre mares de pulpos, como recuerdos en música de neblinas.

¿Vidrieras de informaciones qué me decís de la estación nevosa? ¿Qué me decís de la gruta del monje en donde se oye el ruido de un pájaro que picotea el huevo para salir? Y más allá se oye el mar que picotea al cielo para alejarse de nosotros.

Vivamente extinguido el temblor, quedaron sobre el orbe los dos marineros de porcelana y sólo muerto el carcelero de Tierra Nueva tras los vidrios de un *iceberg* bajando lentamente al Ecuador.

A FORGOTTEN PLACE

Handkerchiefs and farewells for the sick in snowy sanatoria.

Advantageous desert of kings. In Eastern Europe monastic vows and dynamos are posters in busy plazas.

Circus colts gallop over undesirable feelings. In magnificent condition the miracle of specialised situations, the storm laden with shawls like winters in Switzerland.

Control the geography and tell me where electrified death can be found, where the Promised Land can be found.

Throughout so many echoing gardens tenderness hoards its programmes. The temperature changes its odds above the blue vastness.

Floral panorama unique in the world and sun with a reputation like that of fashionable orators.

According to the best general interpretation wolves persecuted by merciless nights like the seismic jolts of neurotics.

Doves exchanged in the sky.

Gifts for tomorrow and match-winner's prize money or racing accidents. Repair your jaw so you can say: I love you.

The woman who has her cascade of perfumes like the poor thing seated in a little garden at the aerodrome, they are only an installation of bedsheet traps, an extravaganza suited to happiness like cologne on a journey over seas of octopi, like memories in a music of mist.

Information windows what can you tell me of the snowy season? What can you tell me about the monk's cave where one can hear the sound of a bird pecking at the egg to get out? And beyond that you can hear the sea pecking at the sky to get away from us.

Once the quake had quickly died away, two porcelain sailors remained on the globe and the only dead man was the jailer from New Land behind the windowpanes of an iceberg going slowly down to Ecuador.

VAGABUNDO

Convoy de mundos y lenta descarga de olas, descarga de sus olas sobre los caminos del volcán o las playas del planeta que aúlla tras una aventura.

Canto y cataclismo de flor en la montaña.

Torbellino desesperado en un vuelo de palmeras sobre el universo bostezando hacia el otro lado.

Cuando se abra la llaga de las puertas me alejaré de vuestro abismo.

Sepulcros agrupados de frío como constelaciones sin luz, como rocas de leones calcinados.

Ebrio voy sobre el barco de rumores bajo este rocío voluptuoso. Prisionero de un hambre que se ahonda. Enfermero que se liberta de la suerte y de los lazos de las murallas en delirio.

Sin reposo en el pecho porque la nevazón del alma estupefacta vuela en espigas adivinatorias, gotea locura desde sus altas hojas.

Soy graznido galopando sobre los naufragios del horizonte que se estira y convierte el tiempo en una culebra al atardecer.

Vagabundo en gestos de silencio. Signos de temperatura la soledad de la violencia espanta al anciano en su trozo de cielo cuando las lejanías hermanas del salvaje muestran su deseo ardiente de una abstracta esperanza.

La dureza del aire es la frontera, la última frontera hierática como un vidrio. Más allá los paisajes de la meditación en actitud de entrañas que aguardan.

DRIFTER

Convoy of worlds and slowly released waves, releasing its waves down the volcano's roads or the beaches of the planet howling in the aftermath of an adventure.

Song and floral cataclysm on the mountain.

Desperate whirlwind in a flight of palm trees above the universe gaping towards the other side.

When the doors' stigmata open I will withdraw from your abyss.

Sepulchres clustered together in the cold like unlit constellations, like rocks of calcined lions.

Intoxicated I board the ship of rumours under this voluptuous dew. Prisoner of a worsening hunger. Medic freeing himself from fate and the bonds of walls in delirium.

No respite in the breast because the blizzard from the stupefied soul flies into divinatory stems, drips madness from its topmost leaves.

Squawking I gallop over the wrecks of an horizon that stretches away and turns time into a snake at dusk.

Drifter with silent gestures. Signs of fever the loneliness of violence frightens the old man in his bit of heaven when the wild man's far-off sisters show their ardent desire for an abstract hope.

The harshness of the air is the frontier, the last frontier hieratic as a glass pane. Beyond are landscapes of meditation, loving and patient hearts.

MÁS ALLÁ

Aullido a la noche de todos los sepulcros como semillas que abren las ventanas de su dolor.

El aerolito ilumina la montaña al fondo del tiempo, pero no hay cataclismos de lo oscuro ni volcanes de voz de trecho en trecho. Un convoy de horizontes se lleva la vida, se aleja con la vida cubierta de árboles y de gestos ingenuos.

No pasará el vagabundo hipnotizado por la muerte sobre el camino abstracto, ni se abrirán las puertas del naufragio. ¡Tanto miraje para engañar incautos y atar el crepúsculo con el amanecer!

Tú me amas y éste es un hecho real como el galope de culebras que siento en mis espaldas cuando tú me miras. Lo demás son graznidos recónditos, aullidos del abismo negro que detesta el sol y corrompe los días que se caen en él.

Un silencio se agranda hasta tocar el cielo cuando me rozan tus manos y entonces empieza el camino que se aleja.

Cúbrete entre tus pieles y esconde la cabeza al salir fuera del tiempo.

AFTERLIFE

Howls in the night from all the tombs like seeds opening windows onto their pain.

The meteorite lights up the mountain at the end of time, but there are no cataclysms in the darkness nor any volcanic voices going here and there. A convoy of horizons takes life away, moves off with life covered in trees and naïve gestures.

The drifter hypnotised by death will not cross over the abstract road, nor will the doors of the wrecked vessel be opened. So many mirages to deceive the unwary and to bind twilight to the dawn!

You love me and this is a real fact like the galloping snakes I feel on my back when you look at me. The rest are hidden squawks, howls from the black abyss that detests the sun and corrupts the days that fall into it.

A silence grows larger until it touches the sky when your hands rub against me and then the receding road begins.

Cover yourself with your skins and hide your head when you go outside of time.

IRREPARABLE,
NADA ES IRREPARABLE

La muerte que no admite que la sigan, la inauguración de la tormenta, la primera sonrisa del viento, todo lo que angustia como la eternidad, todo lo que se rompe en el infinito, la frase *huyamos juntos* colgando del abismo y rompiendo los puentes tras de sí.

Eso es todo, eso es todo.

Y luego una mirada partida en dos y un hombre entre la vida y la muerte, porque nadie comprende, deja caer el tiempo por sus largos cabellos, sus cabellos tejidos de melancolía y de recuerdos.

Sus ojos hermosos amargos como el espacio dicen: Nada me importa, nada deseo, todo lo he visto, todo lo he vivido.

Horror.

Viejos astros de las admiraciones, plantas de los encantos que salían de su boca y perfumaban los destinos, espirales de vértigo de sus besos pesados de naufragios… y gritar de repente desde la última cumbre: ADIÓS.

Y entonces alejarse envuelto en una capa de huracanes. Huir del pensamiento, dejar atrás la agitación limitada de los hombres y esconderse en la guarida de los pájaros del silencio, allí donde sólo reinan los mil reflejos de la soledad.

Huir de sí mismo y de las trampas que nos tienden nuestras propias alas, saltar al vacío del más avanzado promontorio de las quimeras.

Huir. Desenredarse de sus arterias y huir de sí mismo, huir de sus huesos.

En el postrer aliento queda una palabra por nacer enterrada ya en sus ilusiones, dejando apenas una estela de suspiros y en la última lágrima hay un ángel que se ahoga sin ni siquiera pedir socorro.

No he sido avaro de mi vida, ni fui avaro de mis naves de lumbres. No he regateado las descargas de mi corazón, ni la electricidad de mis pupilas.

Comprendido habría sido muy otro. Pero no pudo ser, acaso no debió ser.

IRREPARABLE, NOTHING IS IRREPARABLE

The death that does not accept it is being followed, the commencement of the storm, the wind's first smile, everything that worries us like eternity, everything that breaks at infinity, the phrase *let's run away together* hanging from the abyss and breaking bridges behind us.

That is all, that is all.

And then a glance split in two and a man between life and death, because no-one understands, drops time from his long hair, hair woven out of melancholy and memories.

His beautiful eyes bitter as space say: Nothing matters to me, I wish for nothing, I have seen everything, I have lived everything.

Horror.

Old stars of wonder, plants of enchantment which emerged from his mouth and perfumed destiny, dizzying spirals of his kisses laden with shipwrecks… and crying out suddenly from the final summit: GOODBYE.

And then vanishing wrapped in a cloak of hurricanes. Fleeing from thought, leaving behind the limited excitement of men and hiding in the shelter of the birds of silence, there where only the thousand reflections of solitude prevail.

Fleeing from himself and from the traps that our own wings set for us, jumping into the void from the farthest promontory of the chimeras.

Fleeing. Extricating himself from his arteries and fleeing from himself, fleeing from his bones.

In the final breath there remains a word yet to be born already buried in its illusions, leaving nothing more than a trail of sighs and in the final tear there is a drowning angel who does not even beg for help.

I have not been a miser during my life, nor have I been miserly with my ships of light. I did not haggle over the unladen cargoes of my heart, nor the electricity of my pupils.

Understood it would have been very different. But it couldn't have been, maybe shouldn't have been.

Mi avión aterrizó siempre sobre los arrecifes donde aguardaban las manos temblorosas tendidas a la angustia y puedo decir, magnífico de orgullo, que muchas veces bajé cargado de ilusiones de Pascua y vacié mis sacos de luz en las faldas de los niños encanecidos de desaliento.

Ahora soy un fantasma de invierno parado en la puerta de los siglos y puedo volverme y gritar antes de pasar el umbral: Ninguno de vosotros ha tenido una vida más bella, ni un cielo más hinchado de estrellas, ni tantas auroras de entusiasmo vertidas por los dioses. Ningún labio conoció más palabras divinas de fiebre, ningún oído escuchó tales temblores de delirio.

Ahora soy un fantasma de nieve, un sembrador de escarcha.

Pero volveré trayendo en la frente el sudor de las nubes. Prosternaos vosotros los que no habéis pisado jamás el horizonte.

Ahora soy el fantasma que huye vestido de grandeza y de dolor.

¿Pero mañana?

El mañana es mío. Será mío otra vez como el destino inapelable de la luz, como el terciopelo de los besos que miden la eternidad.

Y un día habrá un pañuelo entre dos estrellas y será el adiós definitivo.

Entonces dirán: llevaba en sus ojos la piedra filosofal y muchos viajeros reconocerán otra vez las huellas pesadas bajo el fardo de los tesoros astrales.

Y volverá a dar vueltas el anillo del caos... Cumple, cumple tus destinos y los impulsos de las leyes de atracción. Sigue la voluntad celeste y deja alejarse las mariposas y los barcos como canastos de luz hacia los faros del desastre.

My plane always landed on the reefs where my trembling hands waited stretched out in anxiety and I can say, magnificent with pride, that many times I disembarked loaded with Easter moscharias[1] and emptied my bags of light into the laps of children who were grey with dismay.

Now I am a wintry ghost standing in the doorway of the centuries and I can turn around and call out before crossing the threshold: None of you has had a more beautiful life, nor a sky more swollen with stars, nor so many auroras of enthusiasm poured out by the gods. No lip knew more divine feverish words, no ear heard such delirious tremors.

Now I am a snow ghost, a sower of frost.

But I will come back with the sweat of clouds on my forehead. Prostrate yourselves you who have never set foot on the horizon.

Now I am the ghost who flees clad in greatness and pain.

But tomorrow?

Tomorrow is mine. It will be mine once again like the inevitable destiny of light, like the velvet of kisses that measure eternity.

And one day there will be a handkerchief between two stars and it will be the definitive farewell.

Then they will say: in his eyes he bore the philosopher's stone and many travellers will again recognise the heavy footprints beneath the bundle of astral treasures.

And the ring of chaos will spin again… Fulfil, fulfil your destinies and the impulses of the laws of attraction. Follow divine will and let butterflies and boats leave like baskets of light headed for the beacons of disaster.

---

[1] *Moscharia pinnatifida* is a flowering plant from the daisy family, native to South America.

DE VIDA EN VIDA

Hermoso paraíso de salud, dínamos del verano representando su descarga de música cuando el rey atraviesa el océano universal.

La neblina se acomoda como una instalación de mujer oriental sin sabor a Europa ni porcelana. Hace frío, es un invierno frío como una menta. Flor de carácter un poco triste, flor en *peignoir* de seda, más hermosa que el vestido de las tempestades, más deseable que el iniciador, que aquél que entibia con su corazón el invierno de tu piel blanca, tu piel todavía ignorante como un cordero de ojos de querubín.

Ya conocerás el sacudimiento sísmico de las arterias y los gemidos propulsados desde el fondo de las entrañas que se vuelan entre dos bocas mortales... el día en que yo abra para ti la *féerie* de mi ciencia.

Todas las hélices del aeródromo de tu alma girarán locamente. Tú conocerás los secretos de mis jardines, la situación perfecta de la sombra agotada bajo la avenida de las pestañas. Los hermosos pulpos mojados nadan detrás de las lágrimas de los marineros.

Tras la vitrina de los ojos tú verás mi alma que estalla en luces desconocidas. Y verás qué pura es a pesar de lo que te digan.

El fabulista cotidiano miente por falta de imaginación.

Nada importa nada, sino este cielo nuestro bautizado por tus ojos, este cielo íntimo, pequeño entre dos palomas... colonizado por dos arrullos.

Yo te haré ver tu propio sol interno y te enseñaré a llamar por su nombre tus satélites a través del panorama de ecos azules como el paraíso de los caracoles esmaltados.

Iremos por la vida con la vida a cuestas.

Sentirás la angustia de la garganta cuando reparan el rebaño de lobos en pana.

Pero yo sabré protegerte bajo mi mirada más enardecida que una bandera. Y podrás reposarte ¡al fin! a la sombra de mi canto.

El milagro tiembla como una tela de sol. Y yo digo adiós. Adiós. Sultana especializada en el amor lento, lento como los adioses del sol.

FROM LIFE TO LIFE

Beautiful healthy paradise, summer dynamos depicting how it issues music when the king crosses the universal ocean.

The mist fits like an oriental woman's furnishings with neither the flavour of Europe nor porcelain. It is cold, it is a winter cold as a mint. Flower of a slightly sad character, flower in silk *peignoir*, more beautiful than the dress of storms, more desirable than the pioneer, than the one who warms the winter of your white skin with his heart, your skin still unaware like a lamb with cherubic eyes.

You will already know the seismic shaking of the arteries and the groans propelled from deep inside that fly between two mortal mouths… the day when I open for you the *féerie* of my science.

All the propellers on your soul's airfield will rotate madly. You will know the secrets of my gardens, the perfect location of the exhausted shadow under the avenue of eyelashes. Beautiful wet octopuses swim behind sailors' tears.

Behind the window of my eyes you will see my soul exploding in unrecognisable lights. And you will see how pure it is no matter what they tell you.

The common or garden fabulist lies out of a lack of imagination.

Nothing matters at all, but this our sky baptised by your eyes, this intimate sky, tiny between two doves… colonised by two lullabies.

I will make you see your own inner sun and teach you to call your satellites by name through the panorama of blue echoes like the paradise of enamelled snails.

We will move through life with life on our backs.

Anxiety will grip your throat when they repair the broken-down wolf pack.

But I will know how to protect you under my gaze that is bolder than any flag. And you can rest at last! in the shade of my song.

The miracle trembles like a piece of cloth made of sunshine. And I say goodbye. Goodbye. Sultana who specialises in slow love, slow as the sun's goodbyes.

¿A qué los laboratorios y las geografías de la pasión? Mi sangre conoce mucho más y nadie ha alcanzado aún la temperatura de mi mirada.

¡Ah, mi alma! Eléctrica ternura, acumulador de los siglos hasta el fin del hombre. Si hubieras comprendido, jamás se habría alejado.

Si hubieras visto el color de sus alas la habrías amado y nunca habrías sido hostil ni desafiante. Es tarde ya, pues el motor en marcha tiene el ritmo de la tormenta.

Yo soy el capitán de navío que busca una isla perdida como la muerte.

What use are the laboratories and geographies of passion? My blood knows much more and no one has yet reached the temperature of my gaze.

Ah, my soul! Electric tenderness, storage battery of the centuries until the end of mankind. If you had understood, I would never have walked away.

If you had seen the colour of her wings you would have loved her and you would never have been hostile or defiant. It is already late, for the engine is running with the rhythm of the storm.

I am the ship's captain searching for an island as remote as death.

COMARURU

En la ruta de la Tiniebla
Me encontré con un iceberg
De dónde vienes a dónde vas
Voy buscando el puerto de mi palabra
Estoy frío como el cadáver que se llevan en hombros
Y enfría los hombros de los hombres a causa de sus lágrimas
Redondas como el mundo

Por el sendero de la Tiniebla
Venía el iceberg con una bandera adentro
Y voces de otros astros petrificadas
Ella cantaba debajo de sus pestañas
Y hubo una quebrazón de vidrios al fondo de sus ojos
Sin embargo las olas morían en la playa de sus párpados
Y traían suspiros de cometa en la ruta de la Tiniebla
Las olas traían un suspiro en cada bolsillo
El suspiro de la Tiniebla legendaria
El suspiro de la noche que amarra los planetas
Cuando van a decir hasta luego con una voz tibia como un asiento
La voz ha de alejarse en su propio tranvía
Y pasará más allá de la muerte
Porque viene de antes de la vida
Una voz milenaria compuesta adentro de sus olas
Una voz que encontramos como la montaña
Una voz más larga que la mirada del moribundo
Y nadie sabe lo que significa ni a dónde va a parar
Pero si crece adentro de nuestro pecho
También crece en la eternidad

Adiós grita Tiniebla
Y cae como un pulpo de azucenas
Y no puede saberse si es una voz o un gemido
O una música de socorro o un grito pidiendo auxilio

COMARURU

On the road to Darkness
I came across an iceberg
Where are you from where are you going
I go in search of my word's refuge
I am cold as the corpse borne upon shoulders
That chills the shoulders of the holders with its tears
Tears as round as the world

On the way to Darkness
Came the iceberg with a flag inside
And stony voices from other stars
She sang beneath her eyelashes
And there were windowpanes shattering deep in her eyes
However the waves died on the shores of her eyelids
And bore sighs of comets on the road to Darkness
The waves bore a sigh in every pocket
The sigh of legendary Darkness
The sigh of the night that tethers planets
When they go to say goodbye with a voice warm as a saddle
The voice has to leave in its own tramcar
And will go on beyond death
Because it comes from before life
An ancient voice composed inside its waves
A voice that we encounter like the mountain
A voice more prolonged than the gaze of a dying man
And no one knows what it means nor where it will stop
But if it grows inside our breast
It grows too in eternity

Farewell cries Darkness
And falls like a bunch of white lilies
And no-one can tell if it is a voice or a groan
Or a musical aid or a cry for help

Sólo sabemos que la palabra
Vino rasgando el espacio con sus tijeras
Y cayó en este mundo atornillado a la noche
Acaso no es palabra sino una semilla de locura
Que soltó de sus manos un sembrador celeste
Como yo mismo he soltado tantas veces
Una paloma mensajera intraducible
O una rosa de luto
Para después del crepúsculo
Cuando el deber me llama
Y tengo que desplegar las velas de la luna

Debéis saber que nada es imposible
Y que bien puede ser la palabra de un muerto
La voz del jefe de la tribu humana
O el canto de un pájaro agorero en las selvas de otro astro

Decid al cadáver que se aleje con la muerte al hombro
Decid a la muerte que esconda sus cadáveres
Así iréis muriendo con la boca abierta
Esperando con la boca abierta la palabra que cae del cielo
La palabra que viene cayendo para que la descifréis
Con el sentido oculto debajo de una piedra
Y el ritmo de la sangre de un poeta remoto

Yo también construiré un castillo de voces
Ay del que rompa el encanto del laberinto
Y olvide mi futuro luminoso
Semejante a la desgracia del último acto
—Paz a los muertos de buena voluntad

Mi porvenir me está esperando sentado en el horizonte
—Gloria a los ladrones del cielo
Mi porvenir se triza y salen llamaradas
Se asustan los hombres de la ciudad
—Gloria a los ladrones del cielo
Ahora los aviones aparecen en el momento del destino

Only we know that the word
Came slicing through space with its scissors
And fell into this world screwed to the night
It is not a word but a seed of madness
That a celestial gardener cast from his hand
Just as I so many times have cast
An untranslatable carrier pigeon
Or a rose of mourning into the air
For after twilight
When duty calls me
And I must part the moon's veils

You should know that nothing is impossible
And that it can even be a dead man's word
The voice of the chief of the human tribe
Or the song of a bird of ill omen in the forests of another planet

Tell the corpse to depart with death on his shoulders
Tell death to hide its corpses
Thus you will go and die open-mouthed
Waiting open-mouthed for the word falling from the sky
The word which comes falling so you can decipher it
With the meaning hidden beneath a stone
And the rhythm of a distant poet's blood

I too will build a castle of voices
Woe to anyone who breaks the spell of the labyrinth
And forgets my brilliant future
Like the disgrace of the final act
—Peace unto the dead of good will

My future is waiting for me seated on the horizon
—Glory to the thieves in heaven
My future is smashed and flames burst forth
They startle the men of the city
—Glory to the thieves in heaven
Now aircraft appear in the moment of destiny

Cuando los cadáveres hacen silencio
Ellos oyen la voz de la Tiniebla y del Destino
Para decir cosas grandes hay que morir primero
Yo veo el cadáver que se lleva los dedos a los labios
Veo mi doble que se rapta mujeres y se pierde en la noche
Mi doble que estalla en aerolitos y se enciende al roce de la atmósfera
Mi doble que se aleja de repente
Cuando el cielo sonríe por casualidad
Mi porvenir me está esperando sentado en el horizonte
Y allí está la selva de palabras que no supe decir
La selva intraducible por el camino de la Tiniebla
La selva voy a unirme a la selva

Voy a unirme a mis palabras
Y entonces me perderé de vista a vuestros ojos
Nadie sabrá de mí
Yo estaré adentro de mis palabras
Y del nacimiento de un grito que va haciendo olas
Y no tiene límite porque vosotros no conocéis sus límites
Ni el nombre de la estrella que se irá inflando con mi voz

Nota Coincidiendo con el pasaje del planeta Marte en su mayor proximidad a la Tierra, hacia 1927, algunos investigadores enviaron un mensaje radial a dicho astro con la esperanza de que esta comunicación fuera interceptada y contestada por los presuntos habitantes de Marte. Como respuesta, las antenas de las estaciones de Brasil recogieron unos sonidos que correspondían a la palabra *Comaruru*. [V.H.]

When corpses grow silent
They hear the voice of Darkness and of Destiny
To say great things one must die first
I see the corpse raising fingers to its lips
I see my double who carries off women and vanishes into the night
My double who erupts into meteorites and ignites upon entering
                                                  the atmosphere
My double who suddenly vanishes
When by chance the sky smiles
My future awaits me seated on the horizon
And over there is the forest of words I could not speak
The untranslatable forest on the road to Darkness
The forest I am going to join the forest

I am going to join up with my words
And then you will no longer have sight of me
No one will know where I am
I will be inside my words
And the birth of a cry creating waves
And it has no limits because you do not know its limits
Nor the name of the star which will continue to wax with my voice

Note: Around 1927, when the trajectory of the planet Mars brought it to its closest point to the Earth, some investigators sent a radio signal to that planet in the hope that it would be received and replied to by the presumed inhabitants of Mars. As a response, the receiving stations in Brazil picked up some sounds which corresponded to the word "Comararu".

ATMÓSFERA
SIN RETORNO

Ojo perfecto en alusión de su ilusión
Con sus afluentes de crimen y de noche
De cielos y de días. Sus afluentes de pájaros y globos
Y de árboles volando

El calor empuja a los dioses ignotos
Como los árboles de los piratas
Ojo regiamente amoblado
El mar que lo hizo era de sus comarcas
Y puede cambiar hasta cinco veces
En grados y temperaturas diferentes
Si el piano del cielo lo permite o lo exige

Gracias muchas gracias
Se sube a la punta de los árboles
Para ver la llegada de los piratas
Que cambian de barba siete veces
Como el cielo cambia de nubes otras tantas
El cielo tan bien amoblado
Y tan fraternal a ciertas horas
Porque
Aunque
El cielo envidia los nidos a los árboles
Comprende muchas cosas y llora con nosotros

El paisaje saluda a la derecha
A causa de las nubes sonrientes
El cielo saluda con la mano enguantada
A causa del crepúsculo malhumorado
El ojo perfecto se cierra y se abre
Y deja caer una pequeña estrella adormilada
Y un perfume de arco iris
Gracias

ATMOSPHERE WITH NO RETURN

Perfect eye in allusion to its illusion
With its tributaries of crime and of night
Of heavens and of days. Its tributaries of birds and balloons
And of trees flying

The heat pushes unknown gods
Like pirates' trees
Eye richly furnished
The sea that fashioned it was from its district
And can change up to five times
In different degrees and temperatures
If heaven's piano permits it or demands it

Thanks many thanks
It climbs to the tree tops
To see the pirates arriving
Who change their beards seven times
Like the sky which changes clouds just as often
The sky so well furnished
And so fraternal at certain times of the day
Because
Although
The sky envies the trees their nests
It understands many things and weeps with us

The landscape waves to the right
Because of the smiling clouds
The sky waves with a gloved hand
Because of the grumpy twilight
The perfect eye closes and opens
And drops a tiny sleepy star
And a rainbow perfume
Thanks

El cielo pone sus huevos y canta para morir
Yo canto de alegría
Con el sonido y el olor de mis comarcas
Los paisajes cantan en coro
Muchas gracias
El capitán de los cometas busca su comida por todo el universo
Cuelga piratas en las horcas de la noche
Saluda a la derecha saluda a la izquierda
A causa de la muerte pesada de geologías
Y pasa entre las golondrinas sonriendo y suspirando

Gracias muchas gracias
A latigazo de mar sonrisa de cometa
A sonrisa de cometa saludo de montaña

The sky lays its eggs and sings so that it can die
I sing of joy
With the sound and smell of my district
The landscapes sing in chorus
Many thanks
The captain of comets seeks his food throughout the universe
Hangs pirates on the gallows of the night
Salutes to the right salutes to the left
Because of the heavy death of geologies
And passes smiling and sighing amongst the swallows

Thanks many thanks
To the sea's lash a comet's smile
To the comet's smile a mountain's greeting[2]

---

[2] According to Cedomil Goic [2003], the last two lines are an allusion to Góngora ("A batallas de amor, campo de plumas") and Lope de Vega ("A campiñas de sal, pies de madera").

VOCACIÓN DE ALTURA

Es inútil andar por el desprecio con el desprecio a cuestas

Es inútil marchar por el cielo y con el cielo al hombro
Es inútil ser mar con grandes alas como noches
Nunca la verde pluma solitaria tan alta y musical
Calmará sus anhelos ni las rocas violentas del planeta

El viento pasa a través del esqueleto
Hace sonar marfiles al fondo del tiempo y de mi soledad
Bate alturas derramadas y llantos de lejanas circunstancias
Tiene tanto sabor de cielo malherido
Que la voz se acaricia como la sombra de un barco muriéndose de angustia

Los árboles no cantan en sus orillas deseadas
Pero la noche tiene una agua suave
Hay cosas puras como el muerto entre sus velas
Hay cosas dulces como la aldea en sus ventanas y sus enredaderas

Hay cosas tristes como la lámpara de ciertas tumbas para leer un nombre

El viento pasa a través de los hombres
Y lleva el olor de su planeta

HEAD FOR HEIGHTS

It's useless to walk in contempt with contempt on one's back

It's useless to march through the sky with the sky on one's shoulders
It's useless to be the sea with great wings like nights
Never will the solitary green feather so high up and so musical
Calm its longings or the planet's violent rocks

The wind passes through the skeleton
Makes ivories ring in the depths of time and of my solitude
Churns spilled heights and tears from distant events
It has such a taste of badly wounded sky
That the voice is caressed like the shadow of a ship dying of despair

Trees do not sing on their preferred shores
But night has soft waters
There are pure things like the dead man amidst his candles
There are sweet things like the village with its windows and its vines

There are sad things like the lamp by certain tombs for reading names

The wind passes through men
And it carries the scent of its planet

RINCONES SORDOS

El mundo se detiene a medio camino
Con su cielo prendido en las montañas
Y el alba en ciertas flores que yo conozco

Esconde en tus cabellos los secretos de la noche
Esconde las mentiras en tu alma de alegres sombras
Esconde tus alas bajo tus besos
Esconde el collar de suspiros en torno a tus senos
Esconde la barca de tu lengua en las fuentes de la sed
En el puerto de la boca amarrada
Esconde la luz a la sombra
Las lágrimas al abrigo del viento que va a soplar
Porque tiene derecho a la vida
Como yo lo tengo a la más alta cumbre
Y al abismo que ha caído tan bajo

Esconde las caídas del sueño
Esconde los colores al fondo de los ojos
Esconde el mar detrás del cielo
Y vuelve a subir a la superficie
Para ser tú mismo al sol de los destinos
A flor de mano como el ciego olvidado

Esconde los suspiros en su estuche
Esconde las palabras en su fruto
Y llora tu vida en el hastío de las cosas

QUIET PLACES

The world comes to a halt halfway
With its sky caught on the mountains
And the dawn on some flowers that I recognise

Hide the secrets of the night in your hair
Hide lies in your soul of happy shadows
Hide your wings beneath your kisses
Hide the necklace of sighs around your breasts
Hide the boat of your tongue in its springs of thirst
Tethered in the harbour of your mouth
Hide light from the darkness
Tears sheltered from the wind that will blow
Because it has a right to life
As I have a right to the highest mountain-top
And to the abyss that has fallen so low

Hide falls in dreams
Hide the colours at the back of your eyes
Hide the sea behind the sky
And rise again to the surface
To be yourself in the fateful sun
On fingertips like the forgotten blind man

Hide sighs in their sheath
Hide words in their fruit
And weep your life away in the boredom of things

LA FLOR ENCADENADA

El piano es una ala   Pero dónde se encuentra
Sobre la alfombra de esperanza que ha perdido la esperanza
La razón de su ojo en el otro mundo
La esperanza de la esperanza es la esperanza sin esperanza
El perfume de su aroma
El perfume de sus cabellos abre la puerta de mi alcoba
Pero dónde está mi alcoba
Dónde está mi ojo atravesado por un arroyo
Estoy fatigado de morir en los periódicos
De hacer el horóscopo de las mariposas
De mirar el mar que se levanta las faldas
Y las estrellas con sus campanas
O la flor cargada de cadenas
Siempre de pie entre cada sueño

Pero dónde está mi sed dónde está mi hambre
Bebamos el agua de esa fuente
Que nos hace ver los ojos ausentes
Comamos la carne de nuestro brazo
Y que ella brote en nuestra pierna

Devoremos la lengua de la boca
Para que el vientre saque la lengua
Dónde está mi palabra
Mi palabra con su sombrero
Tan lejos de sus adornos y de sus medias de seda
Lejos
Lejos todo como el relincho nocturno
Lejos las valijas de las campanas
Los ruidos de las semillas que caen en la punta de la lluvia
Los ruidos de las agujas que se clavan en la tierra
Los hilos que atraviesan el cielo
Y hacen un collar de cielos

THE FLOWER IN CHAINS

The piano is a wing   But where can it be found?
On the carpet of hope that has lost all hope
The reason for its eye on the other world
The hope of hope is hope without hope
The perfume of its aroma
The perfume of its tresses opens the door to my bedroom
But where is my bedroom
Where is my eye crossed by a stream
I am tired of dying in the newspapers
Of making horoscopes for butterflies
Of watching the sea lifting its skirts
And the stars with their bells
Or the flower laden with chains
Always standing between each dream

But where is my thirst where is my hunger
Let's drink the water from that fountain
Which allows us to see absent eyes
Let's eat the flesh from our arms
And let it spring up from our legs

Let's devour the tongue in our mouths
So that the belly can stick its tongue out
Where is my word
My word with its hat
So far away from its adornments and its silk stockings
Far away
Far away just like nocturnal whinnying
Far away the bells' trunks
The sounds of seeds falling when the rain stops
The sounds of needles stuck in the ground
Threads crossing the sky
And making a necklace of skies

Lejos
Los ruidos de los ruidos
La sombra de los ruidos mutilados
El eco que la montaña guarda en su bolsillo
¿Quién dará el vuelto del vuelto?

Far away
The sounds of sounds
The shadow of mutilated sounds
The echo that the mountain keeps in its pocket
Who will give change from the change?

IMPOSIBLE

Imposible saber cuándo ese rincón de mi alma se ha dormido
Y cuándo volverá otra vez a tomar parte en mis fiestas íntimas

O si ese trozo se fue para siempre
O bien si fue robado y se encuentra íntegro en otro

Imposible saber si el árbol primitivo adentro de tu ser siente todavía el
                                          [viento milenario
Si tú recuerdas el canto de la madre cuaternaria
Y los grandes gritos de tu rapto
Y la voz sollozante del océano que acababa de abrir los ojos

Y agitaba las manos y lloraba en su cuna

Para vivir no necesitamos tantos horizontes
Las cabezas de amapola que hemos comido sufren por nosotros
Mi almendro habla por una parte de mí mismo
Yo estoy cerca y estoy lejos

Tengo centenares de épocas en mi breve tiempo
Tengo miles de leguas en mi ser profundo
Cataclismos de la tierra accidentes de planetas
Y algunas estrellas de luto
¿Recuerdas cuando eras un sonido entre los árboles
Y cuando eras un pequeño rayo vertiginoso?

Ahora tenemos la memoria demasiado cargada
Las flores de nuestras orejas palidecen
A veces veo reflejos de plumas en mi pecho
No me mires con tantos fantasmas
Quiero dormir quiero oír otra vez las voces perdidas
Como los cometas que han pasado a otros sistemas

IMPOSSIBLE

Impossible to know when that corner of my soul has fallen asleep
And when will it take part again in my intimate celebrations

Or if that piece has gone forever
Or even if it was stolen and found intact elsewhere

Impossible to know if the primitive tree inside your being still feels the
                                                                                       [ancient wind
If you remember the quaternary mother's song
And the great screams when you were abducted
And the sobbing voice of the ocean that had just opened its eyes

And waved its hands and cried in its cradle

To live we have no need of so many horizons
The poppy heads that we have eaten suffer for us
My almond tree speaks for a part of my self
I am nearby and I am far away

I have hundreds of epochs in my brief time
I have thousands of leagues in my innermost self
Earthly cataclysms planetary accidents
And some stars in mourning
Do you remember when you were a sound amongst the trees
And when you were a dizzying little flash of light?

Now our memory is overloaded
The flowers in our ears go pale
Sometimes I see reflections of feathers on my chest
Don't look at me with so many phantoms
I want to sleep I want to hear the lost voices again
Like comets that have passed on to other systems

¿En dónde estábamos? ¿En qué luz en qué silencio?
¿En dónde estaremos?
Tantas cosas tantas cosas tantas cosas

Yo soplo para apagar tus ojos
¿Recuerdas cuando eras un suspiro entre dos ramas?

Where were we? In what kind of light in what kind of silence?
Where will we be?
So many things so many things so many things

I puff to blow out your eyes
Remember when you were a sigh between two branches?

PARA LLORAR

Es para llorar que buscamos nuestros ojos
Para sostener nuestras lágrimas allá arriba
En sus sobres nutridos de nuestros fantasmas

Es para llorar que apuntamos los fusiles sobre el día
Y sobre nuestra memoria de carne
Es para llorar que acariciamos nuestros huesos y a la muerte sentada
                                                      [junto a la novia

Escondemos nuestra voz de todas las noches
Porque puede acarrearnos la desgracia
Escondemos nuestras miradas bajo las alas de las piedras
Respiramos más suavemente que el cielo en el molino

Tenemos miedo
Nuestro cuerpo cruje en el silencio
Como el esqueleto en el aniversario de su muerte
Es para llorar que buscamos palabras en el corazón
En el fondo del viento que hincha nuestro pecho
En el milagro del viento lleno de nuestras palabras

La muerte está atornillada a la vida
Los astros se alejan en el infinito y los barcos en el mar
Las voces se alejan en el aire vuelto hacia la nada
Los rostros se alejan entre los pinos de la memoria
Y cuando el vacío está vacío bajo el espectro irreparable
El viento abre los ojos de los ciegos
Es para llorar es para llorar

Nadie comprende nuestros signos y gestos de largas raíces
Nadie comprende la paloma encerrada en nuestras palabras
Paloma de nube y de noche
De nube en nube y de noche en noche
Esperamos en la puerta el regreso de un suspiro

ENOUGH TO MAKE YOU WEEP

It's enough to make you weep that we search for our eyes
To hold our tears up there
In sachets filled with our phantoms

It's enough to make you weep that we aim our rifles at the day
And at our memory of flesh
It's enough to make you weep that we cling to our bones and to death
                                    [seated beside his bride
We hide our every-night voice
Because it can bring us misfortune
We hide our gaze under the wings of stones
We breathe more gently than the sky in the windmill

We are afraid
Our body creaks in the silence
Like a skeleton on the anniversary of its death
It's enough to make you weep that we look for words in our heart
In the depths of the wind that swells our breast
In the miracle of the wind filled with our words

Death is bolted onto life
The stars vanish into infinity and the ships onto the seas
Voices vanish into the air turned towards nothingness
Faces vanish amongst the pines of memory
And when the void is void beneath the irremediable ghost
The wind opens the eyes of the blind
It's enough to make you weep it's enough to make you weep

No one understands the signs we make nor our deep-rooted gestures
No one understands the dove caged in our words
Dove of cloud and of night
From cloud to cloud and from night to night
We wait at the door for the return of a sigh

Miramos ese hueco en el aire en que se mueven los que aún no han nacido
Ese hueco en que quedaron las miradas de los ciegos estatuarios
Es para poder llorar es para poder llorar
Porque las lágrimas deben llover sobre las mejillas de la tarde

Es para llorar que la vida es tan corta
Es para llorar que la vida es tan larga

El alma salta de nuestro cuerpo
Bebemos en la fuente que hace ver los ojos ausentes
La noche llega con sus corderos y sus selvas intraducibles
La noche llega a paso de montaña
Sobre el piano donde el árbol brota
Con sus mercancías y sus signos amargos
Con sus misterios que quisiera enterrar en el cielo
La ciudad cae en el saco de la noche
Desvestida de gloria y de prodigios
El mar abre y cierra su puerta
Es para llorar es para llorar
Porque nuestras lágrimas no deben separarse del buen camino

Es para llorar que buscamos la cuna de la luz
Y la cabellera ardiente de la dicha
En la noche de la nadadora que sabe transformarse en fantasma

Es para llorar que abandonamos los campos de nuestras simientes
En donde el árbol viejo canta bajo la tempestad como la estatua del mañana
Es para llorar que abrimos la mente a los climas de impaciencia
Y que no apagamos el fuego del cerebro

Es para llorar que la muerte es tan rápida
Es para llorar que la muerte es tan lenta

We watch that gap in the air where the still-unborn move
That gap where the eyes of blind statues have been left
It's enough to make you weep it's enough to make you weep
Because tears must rain down the cheeks of evening

It's enough to make you weep that life is so short
It's enough to make you weep that life is so long

The soul jumps out of our body
We drink from the fountain that allows absent eyes to see again
The night comes with its lambs and its untranslatable forests
The night comes to the mountain pass
Above the piano where the tree springs up
With its produce and its bitter signs
With its mysteries that I would like to bury in the sky
The city falls into night's sack
Stripped of glory and of wonders
The sea opens and closes its door
It's enough to make you weep it's enough to make you weep
For our tears must not be separated from the good path

It's enough to make you weep that we search for the cradle of light
And the burning tresses of bliss
On the night of the swimmer who can turn into a phantom

It's enough to make you weep that we leave the fields we have seeded
Where the old tree sings beneath the storm like the statue of tomorrow
It's enough to make you weep that we open our minds to the atmos-
                              [phere of impatience
And that we do not staunch the fire in the brain

It's enough to make you weep that death is so quick
It's enough to make you weep that death is so slow

DOMINIO

Me llamas con tu apenas verde
Con el movimiento de tu luz y tu sueño sepultado
Me llamas con tu orilla de distancia amaneciendo
Con tu nada en retorno y silencio
Perfil de voz sobre el naufragio
No puedo ir
Ni puedo oír las ropas entrañables
Ni el canto de las velas envidiadas
Por el destino al pie de la ventana
Ambos sabemos la razón del cansancio
Conocemos el descuido del ruido de los pies sin conocido otoño

Y sentimos que la barrera cambia
Según el modo de mirar

Este refugio agranda su neblina
Contrae pesadillas de esperanza en retroceso
Toma las manos y las conduce a la locura
Llena de besos y de llanto porque no tiene fondo

DOMAIN

You call me with your barely green
With the movement of your light and your entombed dream
You call me with your faraway shore waking
With your nothing in return and silence
Profile of a voice on the wreck
I cannot go
Nor can I hear the beloved clothes
Nor the song of candles coveted
By fate at the window sill
We both know the reason for our fatigue
We know we overlooked the sound of feet with no known autumn

And we feel that the barrier changes
Depending how you observe it

This shelter expands its fog
Shrinks nightmares of hope in retreat
Takes my hands and leads them to madness
Full of kisses and laments because it has no depth

PUEDE VENIR

Y ahora vamos al minuto unánime
Tras la gran cortina sacada de las olas
Para las formaciones del corazón y su progreso
Algo del cielo y sus interiores
Algo de la partida hacia el lado opuesto
El doble tráfico en púrpura o sudario

Despojado el aire de su océano
Parecía saber lo que venía
Como el hormiguero en marcha por la selva
En un ruido de arenas que se profanan

Despojado el océano de sus olas
Lloraba contra la lluvia
Silbaba sus carbones para agrandarlos
Y volver todo al origen autorizado a andar

Cinco personas muertas y veinte heridas
Dijo la catástrofe y se cubrió los ojos
El minuto unánime buscaba el corazón
Tras la cortina sacada del océano
Alguien miró el hogar que se alejaba
También el cielo al aire y sus interioridades

El problema es sencillo
Las olas se separan
El avión se vuelca el aire canta
De un modo irremediable
El volcán suspira sus más viejos sueños
O sólo el corazón que dice ya está bueno
Las olas se dan la mano y se despiden

IT MIGHT HAPPEN

And now let us go to the unanimous minute
Behind the great curtain taken from the waves
For the shaping of the heart and its progress
Something of the sky and its interiors
Something of the departure for the other side
Twice as much trade in blood or shrouds

The air stripped of its ocean
It seemed to know what was coming
Like the anteater on its way through the jungle
With a sound of sands being desecrated

Stripped of its waves the ocean
Wept in the face of the rain
Blew on its coals to enlarge them
And to send them all back to the source with a permit to walk

Five people dead and twenty injured
The catastrophe said and covered its eyes
The unanimous minute sought its heart
Behind the curtain taken from the ocean
Someone looked at the hearth that was leaving
Also the sky looked at the air and its inner workings

The problem is simple
The waves are coming apart
The aircraft tips over the air sings
In a hopeless way
The volcano sighs its oldest dreams
Or just the heart which says enough is enough
The waves shake hands and say farewell

ACTUAL

El cielo sacude sus camisas y cuenta los años en su voz
Cuenta las piedras lanzadas a su pecho
Y los árboles en sus sarcófagos torciendo los caminos
Piensa en su carne que se estremece
Al oír ese dúo de las noches tan diametralmente opuesto
Al oír las edades que tienen su edad
Como las flores de ida y vuelta

La noche se sienta a oír su cielo
Debajo del agua que aumenta por el llanto de los peces
Y todos esperamos con los poros abiertos
La aparición de la belleza sobre sus pies de espuma
Entre dos relámpagos boca abajo
Detrás del último suspiro de una flor sin espacio en el espacio
Y sobre el halo tembloroso de las manos que descorren los días
Hora tras hora descendiendo por la fiebre de los párpados
La aparición secreta haciendo temblar la tierra
La aparición que va bajando por los ojos

NOW

The sky shakes out its shirts and counts the years out loud
Counts the stones thrown at its chest
And the trees in their sarcophagi twisting the paths
Thinks in its shuddering flesh
On hearing that duet of nights so diametrically opposed
On hearing the ages that its own age has
Like flowers coming and going

The night sits down to hear the sky
Under the water which increases with the tears of fish
And with open pores we all await
The apparition of the beauty on her feet of foam
Upside down amongst the flashes of lightning
Beyond the final sigh of a flower with no space in space
And above the trembling halo of its hands which draw back the days
Hour after hour descending through feverish eyelids
The secret apparition making the earth shake
The apparition descending through its eyes

PARA ANDAR Y MIRAR

El camino existe
Tiene una vida propia y busca dónde beber un poco de agua

Un pájaro canta gota a gota en su rincón oscuro
Muere como una ola al fin de su canción
Ha plantado sus cantos en el fondo de su alma
Y en el cielo que se los lleva
Germinarán al otro lado en plenitudes, y vivir de tierra
Germinarán los días y las horas de luto
El cielo de la noche brilla mostrando todos sus dientes

Hay un trueno en un sendero allá arriba
Un trueno que pasa delante de una estrella
Un trueno lleno de gente
Con entradas de luz y sabor de pan adolorido
Un trueno en forma de saludo
Que significa algo más que la muerte
Y la vida que corre a lo largo del ciego

El camino existe como una mano
Como el deseo de mañana que ilumina sus angustias
Anda y contempla tus deseos entre el árbol y el cielo
Cuando es de noche y la muerte agranda los ataúdes

El camino tiene una mirada
Con huellas de canto y lágrimas caídas de una abeja
Tan dulce de promesas tan quemantes
Que la sangre construye llamaradas
Y la palabra suscita su substancia de instinto precursor

TO WALK AND TO WATCH

The road exists
It has a life of its own and seeks a place to drink a little water

A bird sings drop by drop in its dark ravine
It dies like a wave at the end of its song
It has planted its songs in the depths of its soul
And in the sky that bears them away
They will develop to the full on the other side, and live off the earth
They will develop the days and hours of mourning
The night sky glitters showing all of its teeth

There is thunder on a path up there
A thunder passing in front of a star
A thunder full of people
With light entering and the taste of aching bread
A thunder in the form of a greeting
Which means something more than death
And life which flows right through the blind man

The road exists like a hand
Like the desire for tomorrow which lights up your anxieties
Go and consider your desires between the tree and the sky
When it is night and death makes coffins larger

The road has a view
With traces of song and tears shed by a bee
So sweet with such burning promises
That the blood flares up
And the word kindles the essence of its pioneer instinct

PEQUEÑO DRAMA

Substancia de lejanos tiempos
Verbo recóndito de siglos y más siglos
Heme aquí en cuerpo y voz
En ayer y en hoy

Oh cuántos ojos produciendo estrellas
Los horizontes vienen a mi pecho
Buscando palabras en mi sangre
Realízanse en mi carne transitoria
Se componen en formas que me son habituales
Los horizontes asustados
Tan vasto es el mundo
Tanto me agranda, y se agranda en mis adentros
Tanto me hace hacia afuera
Salir de mí en una luz temblorosa
Recorrer las formas y su razón interna
Sólo y sin un clarín que endurezca los caminos
Si por lo menos me llevara de la mano el último suspiro

Ojos cansados cielos
Quién dijera el estertor de los astros deshaciéndose
O del caos que empieza a tomar cuerpo
Cielos cansando mis pasos furibundos
Cuando arde el carbón de las entrañas afligidas

Heme aquí en cuerpo y voz
En ayer y en hoy
Heme aquí en luz amenazada
Los besos de la muerte en joya interminable
He aquí la cúspide de la voz perdida en el desierto
He aquí el encuentro del sueño con el árbol más anciano

LITTLE DRAMA

Matter from distant times
Verb hidden for centuries and more
Here I am in body and voice
In the past and in the present

Oh how many eyes producing stars
Horizons come to my breast
Seeking words in my blood
Manifesting themselves in my transitory flesh
They are dressed up in ways I am used to
Frightened horizons
So vast is the world
So much it makes me larger, and it enlarges inside me
So much it sends me outward
Coming out of myself in a flickering light
Going through the forms and their inner rationale
Alone and with no bugle to harden the roads
If at least the last sigh should take me by the hand

Eyes weary skies
Who would utter the death rattle of collapsing stars
Or of the chaos that is beginning to take form
Skies wearying my frenzied footsteps
When coal from the afflicted womb burns

Here I am in body and in voice
In the past and in the present
Here I am in endangered light
The kisses of death in endless jewels
Here is the zenith of the voice lost in the desert
Here is the dream's encounter with the oldest tree

Los cementerios se repiten
Las selvas de la muerte rellenan entresueños de tierra
Todo como si nada
Bajo el traje azul de las estrellas anteriores

Y ese paisaje entrado en años
Y ese hombre alejándose mar adentro de su voz
Y el escuchado espacio inseparable
Cómo hacer alegría hombres hombres
Si lleváis cada día adentro de una lágrima
Y en lágrimas se caen por el tiempo
Hombres hombres si aún estáis encadenados
Besad mi corazón que ama el dolor humano
Y que se entregaría a todos los martirios
Por un poco de risa en vuestros labios
Si supierais vosotros que uniendo vuestros sueños
Caería en pedazos la realidad pequeña y sin cimientos

La vida es vuestra estatua
La vida
Es vuestra es vuestra   Es de todos
La vida es nuestro canto en la fracción de tiempo que nos toca

Graveyards recur
The forests of death fill the half-dreams of earth
All as if nothing
Under the blue costume of earlier stars

And that landscape advanced in years
And that man drifting away with sea in his voice
And the overheard inseparable place
How to create happiness men men
If you carry each day within a single tear
And they fall in tears through the ages
Men men if you are still in chains
Kiss my heart which loves human suffering
And which would surrender to any martyrdom
For a little laughter on your lips
If only you knew that by uniting your dreams
Our little reality with no foundations would fall to pieces

Life is your statue
Life
It is yours it is yours   It is for everyone
Life is our song in the fraction of time that touches us

TINIEBLAS TRAS EL TIEMPO

El corazón absurdo en sus tinieblas quemadoras
El más absurdo de los corazones
El que dice adiós sin agitar ningún pañuelo
Cuando el invierno se hunde hacia el otro lado
Con sus estrellas especiales y todos sus cómplices

¿En dónde está mi corazón?

Los pianos vuelven a hablar
La primavera sobresale
¿Qué es lo que busca su libertad?
Las cadenas se rompen ansiosamente

El viento nuevo
Las palabras nuevas y la nueva estación

¿En dónde está mi corazón?

Una campana vuela hacia la luna
Las montañas se han fatigado de querer salir de la tierra
Y yo sigo entre mis sueños y mis fantasmas
Entre mis ecos seculares

¿En dónde está mi corazón?

¿Por dónde vamos y hacia dónde vamos?
Perdidos para siempre
Perdidos en la noche y en el tiempo
Como la primera lágrima del mundo

¿En dónde está mi corazón
Con su corona de sangre prevenida
Y su manto de esperanza sin recuerdo de voz?

DARKNESS AFTER TIME

The ridiculous heart in its burning darkness
The most ridiculous of hearts
The one that says farewell without waving any handkerchief
When winter sinks toward the other side
With its special stars and all its cohort

Where is my heart?

Pianos begin to speak again
Spring stands out
What is that which seeks its freedom?
The chains break anxiously

New wind
New words and new season

Where is my heart?

A bell flies to the moon
The mountains are weary of waiting to leave the earth
And I follow between my dreams and my apparitions
Amongst my secular echoes

Where is my heart?

Which way do we go and where are we going?
Lost forever
Lost in night and in time
Like the first teardrop in the world

Where is my heart
With its crown of foretold blood
And its cloak of hope with no memory of a voice?

REPOSO

Este andar de los huesos
Este andar de la carne
Este escalar los siglos
Y venir de tan lejos en abuelos perdidos
Este andar entre orillas desveladas
Nos dará una fatiga de experiencias amargas
Y un ansia de renuevo
Anhelo de aventuras de la sangre
Anhelo de no ser lo mismo y buscar lo que asombra

Oh molino del tiempo
El silencio se agrega
Estoy cansado y sin estrellas
La vida como un gran árbol da sus melancolías
Y sus risas de viento en cielo nuevo

Basta de andanzas
Basta de sombras hacia el lado de la tierra
Basta de sed hacia el lado del espacio
Basta de días y de noches
Los años se abren paso en nuestro cuerpo
Y el astro tutelar nos habla cuando lo olvidamos
Oh molino del tiempo
Las edades sobresalen
¿No ves cómo los párpados se mueren
Sobre el paisaje oculto?

Esta marcha del hombre
Este andar de los siglos
Con sus huesos inquietos
Con sus nervios amargos
Y el ansia de ser presente y ser lejano

REST

This movement of bones
This movement of flesh
This scaling the centuries
And coming from such a distance in lost grandparents
This walking between unveiled shores
Will weary us with bitter experiences
And a yearning for renewal
I crave adventures of the blood
I crave not to be the same and to seek out wonders

Oh mill of time
The silence adds up
I am tired and starless
Life like a great tree offers its sorrows
And its windy laughter in new skies

No more wandering
No more shadows on the side of the earth
No more thirsting on the side of space
No more days and nights
The years open up a way into our body
And the tutelary star speaks to us whenever we forget
Oh mill of time
The ages stand out
Don't you see how eyelids die
Above the hidden landscape?

This progress of man
This journey through the centuries
With his restless bones
With his bitter nerves
And the longing to be present and to be far away

Como el calor que rompe hacia otros lados
Este andar de los siglos a través de los hombres

No tiene más remedio que una tarde dejándose caer sobre los árboles
O un sol a manos llenas
Sobre los corazones libertados
Sobre la tierra sin cadenas y cuajada de rostros renacidos
Un sol causando flores y bocas apasionadas y trigales

Oh molino del tiempo
El pájaro sin árbol conocido
Va entrando en sus canciones para nacer de nuevo
Y se deslumbra del sentido de su voz

Like the heat that breaks through to other sides
This journey of the centuries through men

He has no choice but to spend an afternoon falling onto the trees
Or a sun with hands full
Above liberated hearts
Above the unchained earth full of reborn faces
A sun producing flowers and passionate mouths and wheat fields

Oh mill of time
The bird with no known tree
Bursts into song so as to be born again
And is dazzled by the feeling in its voice

SOLO

Solo solo entre la noche y la muerte
Andando en medio de la eternidad
Comiendo una fruta en medio del vacío

La noche   La muerte
El muerto recién plantado en el infinito
La tierra se va la tierra vuelve

Solo con una estrella al frente
Solo con un gran canto adentro y ninguna estrella al frente

La noche y la muerte
La noche de la muerte
La muerte de la noche rodando por la muerte

Tan lejos tan lejos
El mundo se va por el viento
Y un perro aúlla de infinito buscando la tierra perdida

ALONE

All alone between night and death
Walking in the midst of eternity
Eating fruit amidst the void

Night   Death
The dead man recently planted at infinity
The earth leaves the earth returns

Alone with a star facing me
Alone with one great song inside and no stars facing me

Night and death
Night of death
Death of night rolling on through death

So far so far away
The world leaves on the wind
And a dog howls from infinity searching for the lost land

TRÍPTICO
A STÉPHANE MALLARMÉ

I

Tu dura gracia tu sombra con su constelación
Y allí bajo el árbol de atmósfera nocturna
Escapada celeste
Brillando cantando subiendo latiendo
Sin posible olvido o negligencia de fuego
Gracia de la gracia y fuerza de la fuerza
Sideral como las altas leyes
Como el acaso preparado por el alma
Y el naufragio deseado en la amargura

Todo verso implica su destino
La ausencia lo ignora o no lo tiene
Pero el árbol vacío y la ola vacía
Es la sombra de su propio fantasma de infinito

Toda idea lleva un azar
Que la gracia no tuerce y no salva
Ni los bríos perdurables desorienta
Vuela la hoja al horizonte
O cae o sube de su yo a otros elementos
Tiene su viento sus abismos sus cumbres enardecidas
Hace selvas o ríos
Distancias y estrellas evidentes
Impone su tiempo y sus ruidos
También la muerte bajo su vértigo
Arrecife batido de relámpagos
¿Es el mar enemigo del cielo
O es el cielo que se defiende de los astros?

TRIPTYCH
FOR STÉPHANE MALLARMÉ

I

Your harsh mercy your shadow with its constellation
And there under the tree of night-time air
Heavenly escapade
Glistening singing rising beating [3]
With no possible oblivion or neglect of fire
Mercy of mercy and strength of strength
Celestial like the highest laws
Such as the coincidence planned for by the soul
And the failure longed for in bitterness

Every verse involves its fate
Absence is unaware of it or does not have it
But the empty tree and the empty wave
Is the shadow of its own phantom from infinity

Every idea carries a risk
That mercy will not distort and will not rescue
Nor divert from its perpetual verve
The leaf flies to the horizon
It either falls or rises from its self to other elements
Has its wind its chasms its flaming peaks
Makes forests or rivers
Distances and conspicuous stars
Imposes its beat and its sounds
Death too reduces its dizziness
Reef pounded by lightning bolts
Is the sea the enemy of the sky
Or is the sky defending itself against the stars?

---

[3] cf "veillant / doutant / roulant / brillant et méditant" from Mallarmé's 'Un coup de dés'.

Cometas de pura alma en el viento
Qué signo queréis incorporarnos
Distancias desesperadas
Qué vais a realizar en mi pecho sumergido

Silencio del silencio
Marca del heroísmo sobre el tiempo obsesionado

II

Yo conozco el vacío y conozco la nada
También conozco el absoluto
Y su acento especial
Mas cabe siempre preguntar al infinito persistente
Si la razón es ruido de locura
O la locura ruido de razón

Están abiertas las ventanas como extremos del mundo
Y yo soy el naufragio en el misterio
Soy tierra hacia el espacio
Como náufrago al menos toco la realidad
Mi espíritu se hace materia y aventura de la luz
¡Soy náufrago! ¡Soy náufrago!

El acto me construye
Ya puedo cerrar las puertas y los grandes extremos
Y hundirme en mi palabra
Soy tierra inmemorial y realizándose lenta
En su segura entraña sorpresiva
Soy la sonrisa abierta sobre los destinos
Y la tumba que va a hacerme materia
Como raíz de eternidad o tema de los hombres
Canto de ausencia de mí mismo
Explorador de la célebre noche

Kites with pure souls in the wind
Under which sign do you wish to include us?
Desperate distances
What will you do in my submerged breast

Silence of silence
Mark of heroism in the face of time obsessed

II

I know the void and I know nothingness
I know too the absolute
And its special accent
But persistent infinity should always be asked
If reason is the sound of madness
Or madness the sound of reason

The windows are open like the ends of the world
And I have foundered in the mystery
I am earth heading for space
As a castaway at least I touch reality
My spirit becomes solid and an adventure of light
I'm a castaway! I'm a castaway!

The act builds me up
Now I can close the doors and the great extremes
And sink down into my speech
I am age-old earth and materialising slowly
In its secure unexpected core
I am the open smile above fate
And the grave that will give me substance
Like the roots of eternity or the topic of men
I sing of my own absence
Explorer of notorious night

Y si fuera verdad que lo finito termina en infinito
O por lo menos por lo menos
Que siguiera en sonido por las sombras suavizadas
O por lo menos por lo menos
Que se nos deje continuar en una vaga ondulación
O por lo menos por lo menos
Nada nada

Detención en la marcha
El futuro madura se hace pesado y cae de la rama
Horrible explorador
Explorador de ambiguas sombras
Entre medidas sin medida y tinieblas suspensas
Canto de lo que se fue cayendo mundo a mundo
Por los astros perdidos
Estado sin contacto de armonías ni plumaje
Todo lo que me separa de la vida

Un momento esperad un momento
No hay astros en la prueba
No hay selvas ni montañas en esta aventura
Un momento entre tantos ojos olvidados
Voy a leer mis últimas palabras a la noche
Voy a leer la profecía de mis células que te saludan por todos lados
Voy a leerme al infinito

III

Al fondo de las cosas mi espíritu solloza
Se debate en las olas y afirma su presencia
Junto a las últimas raíces escapo a mis fantasmas
Y empiezo a ser hondo como todas las lágrimas del mundo

Traductor de los astros
En un cambio recíproco de alturas
Infinidad desesperante del espacio

And if it were true that the finite ends in infinity
Or at least at least
That it follows in sound though softened shadows
Or at least at least
That it allows us to go on in a lazy ripple
Or at least at least
Nothing nothing

Halted on the way
The future ripens gets heavier and falls from the branch
Grim explorer
Explorer of ambiguous shadows
Between immeasurable measures and suspended darkness
I sing of what fell away from world to world
Through the lost stars
Lacking contact with harmonies and with plumage
All that separates me from life

One moment wait one moment
There are no stars in the sample
There are no forests no mountains in this adventure
One moment amongst so many forgotten eyes
I am going to read my final words at night
I am going to read the prophecy of my cells that greet you everywhere
I am going to read myself into infinity

III

In the background my spirit sobs
It is discussed in the waves and asserts its presence
Along with the final roots I escape my phantoms
And begin to be as intense as all the world's tears

Translator of the stars
In a reciprocal exchange of height
Desperate infinity of space

Y acaso
Recuerdo de ser hombre en el no ser
Y también
Pensar en no ser cuando se es y se toca nuestras sombras
Estoy siendo una vida más grande que la muerte
Mi presente va haciéndose pasado como una costumbre del tiempo que
                                                                         [ya no lucha más
Voy por mi fantasma en mi quimera
Amoblando de mí el aire amargo
Soy unos cuantos minutos sorprendidos y hechos propios
Soy unos años para que el sueño sueñe
Y los gestos tengan manos
Y los sonidos garganta cálida

El hombre va a expirar en sí mismo
Frente a su eternidad creada en múltiples imágenes
Extinguiendo sus olas en sus olas
Sin más ruido de paso ni de luz
El árbol muere en el árbol
Bajo su pasado y sus rumores
Huésped fue de sus cantos
Y nosotros fuimos visitante y huésped
Preparando las alas y midiendo nuestro peso

Si la punta del árbol fuera la puerta del sepulcro
Con sus huracanes al borde de la eternidad
Sus grandes tempestades detrás de los batientes
Pero cómo cómo creerlo

La cerradura de la bruma
No hace entrega del secreto ni se rinde nunca
Y el sueño es tan pesado
Hay tanto indicio en el viento
Tanta fatiga en la semilla de mañanas
Mas la ilusión de mi sombra se insinúa en su vuelo

And perhaps
I remember being a man in non-existence
And then too
Thinking about non-existence when it comes to it and touching our
[shadows
I am living a life greater than death
My present is turning into my past like a custom from a time that no
[longer struggles
I go after my phantom in my chimera
Filling the bitter air with myself
I am a few minutes of surprise and deeds of my own
I am a few years so that the dream may dream
And gestures have hands
And sounds a warm throat

Man will expire within himself
Faced with his eternity created in multiple images
Waves obliterating waves
With no more sounds of footsteps nor of light
The tree dies in the tree
Beneath its past and its rumours
A guest of his songs it was
And we were visitor and guest
Preparing our wings and measuring our weight

If the top of the tree were the door to the tomb
With its hurricanes on the brink of eternity
Its great storms behind the beams
But how how to believe it

The mist's lock
Does not give up its secrets nor does it ever surrender
And sleep is so heavy
There is so much evidence in the wind
So much weariness in the seed of mornings
But the illusion of my shadow hints at its flight

Soy el sepulcro hinchado de mis horas
Soy el siempre y el nunca
Poeta desde el fondo de tu naufragio
Saludaré tu naufragio poeta
Y leeré a los tiempos tu poema

Tu gran poema con un borde de fuego arrepentido
Tus secretos siguen su destino
Maestro del abismo y de las naves olvidadas
Oye el saludo del horizonte al horizonte

Es la muerte que se hace más grande que la vida
Al llevarse a un hombre de tan hondo universo

I am the tomb swollen with my hours
I am the always and the never
Poet from the bottom of your wreck
I will salute your wreck poet
And I will read your poem to the ages

Your great poem with a repentant edge of fire
Your secrets follow their destiny
Master of the abyss and of forgotten ships
Hear the horizon greeting the horizon

It is death becoming greater than life
By bearing a man away from such a deep universe

REALIDAD CRECIENTE

Con tus ojos sobre todo minuto para que no vacile
Tan excesivamente yerba y tan color
Y al mismo tiempo paseadora sobre las noches
Fundada en el aire o en el sueño
Muda por no romper su belleza en la misma puerta
Extrayendo el designio del suelo justo desconocido
Ofreciendo su lengua al huracán
Ofreciendo su lengua y su voz con largas tierras
Como rama de adioses a la muerte
Como libro salido de la noche a pasos lentos
Así en signo sumergido y en entrada a la vida
Más allá de todo sonido
Antes de toda luz como boca de muerto
Así en comienzo de otros planetas o de sus flores
En llegada a puertos maltratados
A ciudades heridas por fantasmas
A campos de vientos colindantes con la nada
En donde tú apareces como señal de agua
Clavada entre el camino y el medio del espacio
En donde eres forma de tarde oída por su marcha sin precaución
Y un brillo diminuto señalando la vida
A la raíz de los ángeles mudos de estupor
Aquí y en todas partes
Así y en alas de vapores y meridianos
Al interior del árbol
Al interior del pecho mojado por sus barcos
Al interior del sonido y de la luz
Al interior del mundo impuesto en nuestras células
A mi interior despedazado de animales nocturnos y de cantos
Mejor es que te vuelvas a tu sitio
Con tus ojos y tus manos como fondo de cisterna

GROWING REALITY

With your eyes on every minute so I do not waver
So excessively green and so colourful
And at the same time a night-time rambler
On good terms with the air or with dreams
Silent so as not to destroy her beauty at the very door
Removing the plan from plain unfamiliar ground
Offering her tongue to the hurricane
Offering her tongue and her voice with extensive lands
As a farewell bouquet to death
Like a book that came out of the night in slow motion
As a buried sign and a ticket to life
Beyond all sound
Before all light like a dead man's mouth
Thus at the birth of other planets or their flowers
On arrival in mistreated harbours
In cities wounded by phantoms
In fields of winds bordering on the void
Where you appear like a high-water mark
Mounted between the road and the midst of space
Where you have the shape of evening given away by its careless progress
And a miniscule glow indicating life
As a result of angels speechless with awe
Here and everywhere
Like that and on wings of steam and meridians
Inside the tree
Inside the breast made wet by its boats
Inside the sound and the light
Inside the world imposed on our cells
In my insides torn to shreds by nocturnal animals and by songs
Better if you return to your station
With your eyes and your hands like the floor of the water-tank

Con esa parte de tu pecho que estruja nubes irresponsables
Mejor es que te vuelvas a tu episodio de corolas
De aire y sueños

With that part of your breast which crushes irresponsible clouds
Better if you return to your scene of blossoms
Of air and dreams

AIRE Y LUZ

Enrolla maravillas de navíos en el alma
El frío nace de la sal de antaño
Siembra sonrisas en las cumbres anunciadas
Y tiene algunas plumas aparecidas en la altura

Los pájaros impecables atraviesan sus fríos
Obedientes al destino de los cometas transeúntes
Como si les llamara su sepulcro
En cantos de grandes dimensiones
O en catástrofes buscadas para soltar el alma

Soy el astro que se baña en el infinito
Soy el día de fiesta de los hombres insignes
Soy la fuente de fuego de las selvas eternas
La desesperación de las nubes
Viajando de horizonte en horizonte
Sin salir de mis dominios rumorosos de sueños
Muy hacia arriba
Muy hijo de eternidades confluentes en un pecho
Con un dolor de luz que se desprende
O de estrellas que dejan caer sus sombras para no sufrir tanto

Muy cosa de sabor desconocido
Íntima atención de amor y vientos alocados
Para una lengua llamando sus adentros
Sus más recónditos principios en formación de lucidez o de planeta
Hay un sabor de tuétano y de vísceras
En las palabras pronunciadas ciertas veces

AIR AND LIGHT

Roll up ships' wonders in the soul
The cold is born of age-old salt
It sows smiles on heralded summits
And has a few feathers sprouting on the heights

Impeccable birds pass through those cold climes
Obedient to the fate of transient comets
As if their tomb is calling them
In songs of epic length
Or in catastrophes sought to release the soul

I am the star bathing in infinity
I am the festival of distinguished men
I am the source of fire in eternal forests
The desperation of clouds
Travelling from horizon to horizon
Without leaving my babbling realm of dreams
A long way up there
Very much the son of eternities gathered in one breast
With sorrow at light being peeled off
Or at stars dropping their shadows so as not to suffer so much

Very much a matter of unfamiliar taste
Intimate attention of love and madcap winds
For a tongue calling forth its inner self
Its most hidden principles when shaping clarity or planets
There is a flavour of marrow and of viscera
In words uttered at certain times

ENTRE DOS VIAJES

Como sentado a la orilla de los vientos
Cuando la eternidad quiere decir alguna cosa
O despertar en nosotros ciertos mares abandonados

Por otro material de ruidos y llamados de muro en muro
Ansias de sueños en la puerta
Signos internos entre sombras insistentes
Como árboles naciendo
Sentado ante los golpes de la vida que pasa como espada
Encima de cada pregunta que tiende su sábana de malezas
Y sabe que acaba de llegar y pronto va a partir
Porque la cotidiana esperanza
Es un desafío de nuestra luz a las nubes mal precisadas
Huesos alzados por el aire y su brillo de sangre repetida
El cuerpo sabe lo que los ojos quieren saber
Lo que define la tierra en nuestros sueños
Lo que habla el agua en nuestros rincones olvidados
Y yo lo sé y tú podrías saberlo
Si no hubiera distancia entre tus rosas
Ni diferencia interna entre tus olas y tus molinos
Ha de llegar el día sentado en sus vientos
En que tu corazón diga su risa de hojas simultáneas
Y se abra tan sencillo como esas flores
Que huyen de la noche y de las manos de los ciegos
Esas flores mudas de tanto color desesperado

No sé cómo explicarte esta adolescencia
Que siente poderosa la vida en su palabra
En esa palabra tan cargada de sí misma
Y en toda su carne y su más ínfima célula
Cómo explicarte la compañía de las maravillas
Que nunca debe abandonarnos
Que el mundo nos ofrece por todos sus contornos

BETWEEN TWO JOURNEYS

As if seated on the windshore
When eternity means something
Or tries to awaken some abandoned seas inside us

For other kinds of noise and calls from wall to wall
Dream cravings at the door
Internal signs amidst insistent shadows
Like trees being born
Seated before blows from a life that passes like a sword
Above every question that spreads its blanket of weeds
And knows it has just arrived and is about to leave
Because routine hopes
Are a challenge from our light to the misplaced clouds
Bones raised by the air and their glow of recurring blood
The body knows what the eyes want to know
What defines the earth in our dreams
What the water talks about in our forgotten places
And I know it and you might know it
If there were no distance between your roses
No intrinsic difference between your waves and your mills
The day must come seated on its winds
When your heart utters its laughter of simultaneous leaves
And opens up just as easily as those flowers
That flee from night and from the hands of the blind
Those mute flowers with such desperate colours

I don't know how to explain this adolescence to you
That feels the power of life in its speech
In that speech so laden with its own self
And in all its flesh and the tiniest of its cells
How to explain the companionship of wonders to you
That should never desert us
That the world offers us for all its surroundings

En todos sus instantes subidos a nuestros cabellos
Entrados a nuestro corazón y entregados a nuestras manos
En alegría cotidiana o drama favorito

In all its moments climbing into our hair
Entered into our hearts and given into our hands
In routine joy or favourite drama

TIEMPO DE ESPERA

Pasan los días
La eternidad no llega ni el milagro

Pasan los días
El barco no se acerca

El mar no se hace flor ni campanario
No se descubre la caída

Pasan los días
Las piedras lloran con sus huesos azules
Pero no se abre la puerta
No se descubre la caída de la noche
Ni la ciencia en su cristal
Ni el comprender ni la apariencia ni la hojarasca del porqué

Pasan los días
No sale adolescencia
Ni atmósfera vivida ni misterio

Pasan los días
El ojo no se hace mundo
Las tristezas no se hacen pensamiento
El mar no llega hasta mis pies agonizando

Pasan los días
Y ella es pulmón de noches rompiéndose en sonidos
Y es hermosa como llanura comprendida
Es abundancia de sauces y silencios

Pasan los días
Ella es huracán que desata sus ruidos

WAITING TIME

The days go by
Eternity does not arrive nor does the miracle

The days go by
The ship does not come

The sea does not turn into a flower or a belfry
The loss is not discovered

The days go by
The stones weep with their blue bones
But the door does not open
Nightfall is not revealed
Nor is science in its crystal
Nor understanding nor appearance nor the empty words of reason

The days go by
Adolescence does not appear
Nor living air nor mystery

The days go by
The eye does not become the world
Sorrows do not become thought
The sea does not arrive dying at my feet

The days go by
And she is the lung of nights breaking into sound
And she is beautiful as the open plains
There is a myriad of willows and silences

The days go by
She is a hurricane triggering turmoil

Es una gran lágrima cayendo interminablemente
Como una estrella que se volviera loca

Pasan los días
El miraje infinito de las tumbas una a una
No detiene la marcha
Se abren paso hacia el día hacia las horas
Hacia la edad y sus malezas

Pasan los días
Y no se oye el ruido de la luna

She is a great tear falling endlessly
Like a star going mad

The days go by
The infinite mirage of tombs one after another
Does not discourage the journey
They make their way towards the day towards the hours
Towards age and its thorns

The days go by
And the sound of the moon cannot be heard

IMPULSO

Para saber la hora más sensible
Para contar la moneda de las fiebres
Para conocer el peso del furor
Para hablar del reposo imperceptible
Para escuchar al fondo de las cosas el océano disperso
Para colgar ojos en las estrellas
Y colgar estrellas en las coronas doloridas
Para soñar una vida como una noche de cristal en llamas
Para llorar a un muerto como un invierno
Para reír en una pradera de recuerdos
Para creer que nuestro amor enciende el infinito
Para que las huellas respiren en su enredadera
Y aprendan a pastar cual las mareas
Para que el desvelado sumergido pueda llorar
Cerremos nuestros ojos por un minuto de eternidad

Para sentir la boca olvidada por la noche
Para ser un gran silencio perpetuo en sus cimientos
Para comprender el lenguaje de los ecos ardientes
Y el monumento de campanas que se derrumba
O que tal vez se levanta en cada planeta
Para que el otoño sea un barco de miserias acústicas
Cargado también de ciegos enormes y caballos seductores
Para que las piedras encarnizadas sean pájaros o agua dulce
Para que el pan aprenda nuestra canción evaporada en amargura
Como la lámpara sin límites precisos
Para que el escalofrío suba como una escama al pensamiento
Para sentir el corazón en los brazos de una lágrima
Cerremos nuestros ojos aquí y abrámoslos allá

IMPULSE

To know the most sensitive time
To count the currency of fevers
To know the weight of rage
To speak of imperceptible ease
To listen to the scattered ocean at the centre of things
To hang eyes from the stars
And hang stars on painful crowns
To dream a life like a night of glass in flames
To mourn a dead man like a winter
To laugh in a meadow of memories
To believe that our love kindles infinity
To ensure dirt roads can breathe in their vines
And learn to graze like the tides
So that the uncovered victim of drowning may weep
Let us close our eyes for one minute of eternity

To feel the mouth forgotten at night
To be at its core a great perpetual silence
To understand the language of fiery echoes
And the monument with bells that collapses
Or perhaps is raised on every planet
So that autumn is a ship of acoustic miseries
Laden too with huge blind people and seductive horses
So that the inflamed stones are birds or fresh water
So that bread may learn our song which has evaporated in bitterness
Like the lamp with no defined limits
For a chill to arise like a scale over thought
To feel the heart embraced by a tear
Let us close our eyes here then open them there

TIEMPO DE ALBA Y VUELO

Andas entre veranos y puertas sin ventaja
Entre molinos de quimeras y árboles fuera de uso
Lloras porque no adivinas la música de los grandes destinos
Y su latido de tierra que se acerca
Creces en ocasión como los trenes
También aumentas hacia adentro en paseos de fuego
Tan dolorosos y entrañables que los ídolos se deshojan
Y te será difícil reconstruir tus jardines
Cuando aparezca el sol de los hermanos
Cuando el aire se acerque renovado
Regalando poemas y corazones llenos de hombre
Espíritus sin muro capaces de todo viaje

Andas en llamarada y en rito de futuro
Bajo estrellas inclinadas al bien
Que todo lo comprenden y todo lo perdonan
Como rueda y camino como muerto lleno de flores
Como alabanza retardada por los vientos
Andas entre mares vitalizados por sus propias raíces
Por sus sorpresas y sus campanadas en los tuétanos
Andas sobre esperanzas que te ahondan el gesto
Y te lanzan al porvenir en sonrisa de piedra
En una sonrisa que se abre como el vuelo
Siempre confiada en su sonido de visita inesperada
Su sonido de palabra que tiene otro corazón

Sabes que el mañana es un alba de grandes ojos
Que nos salta al encuentro desde su color
Tan larga como un cometa bien nutrido
Repartiendo alegrías para aclarar la lluvia

Por eso sonríes
Y has enterrado la tristeza a la salida

TIME OF DAWN AND FLIGHT

You stroll between summers and doors with no preference
Between fanciful mills and antiquated trees
You weep because you do not foresee the music of great destinies
And their earthly pulse coming closer
At times you grow as trains do
Then too you expand inwards walking on fire
So painful and charming that idols shed their leaves
And it will be hard for you to rebuild your gardens
When your brothers' sun appears
When the air arrives refreshed
Giving away poems and hearts full of man
Unwalled spirits capable of any journey

You walk in flames and in a rite of passage
Under stars that lean towards goodness
That understand everything and forgive everything
Such as wheels and roads such as a cadaver filled with flowers
Such as praise restrained by the winds
You walk amongst seas energised by their own sources
By their surprises and the chimes in their core
You walk on hopes that deepen the gesture
And cast you into the future with a stony smile
With a smile that opens up like a frill
Always secure in its sound of unexpected visitation
Its speech sounds that have another heart

You know tomorrow is a dawn with big eyes
That jumps out of its colour at us when we meet
The length of a well-fed comet
Spreading joy so as to clear the rain

That is why you smile
And you have buried the sadness before leaving

Y sonríes donde aparece el trébol con todos sus enigmas
Y sonríes donde va a morir una lámpara o un violín prematuro
Tu sonrisa sonriendo una sonrisa
Y sonríes porque el mundo que viene ser el mundo del gran sueño

Y sonríes y sonríes
Y tu sonrisa va volando y abriendo las flores del futuro superado
Que tendrán que aprender otro lenguaje
Y mantenerse a flote frente al aplauso de los siglos entreabiertos

And you smile where the clover appears with all its enigmas
And you smile where a lamp or a premature violin goes to die
Your smile smiling a smile
And you smile because the world to come will be the world of great dreams

And you smile and you smile
And your smile flies off opening the flowers of the overwhelmed future
That will have to learn another language
And stay afloat in the face of applause from half-open centuries

VIAJERO

Qué clima es éste de arenas movedizas y fuera de su edad
Qué país de clamores y sombreros húmedos
En vigilancia de horizontes
Qué gran silencio por la tierra sin objeto
Preferida sólo de algunas palabras
Que ni siquiera cumplen su destino
No es cambiar la tristeza por una ventana o una flor razonable
Ni es un mar en vez de un recuerdo
Es una aspiración adentro de su noche
Es la vida con todas sus semillas
Explicándose sola y decorada como montaña que se despide
Es la lucha de las horas y las calles
Es el aliento de los árboles invadiendo las estrellas

Son los ríos derrochados
Es el hecho de ser amado y sangrar entre las alas
De tener carne y ojos hacia toda armonía
Y bogar de fondo a fondo entre fantasmas reducidos
Y volar como muertos en torno al campanario
Andar por el tiempo huérfano de sus soles
De sueño a realidad y realidad a visión enredada de noche
Y siempre en hombre en diálogo secreto
En salto de barreras siempre en hombre

TRAVELLER

What a climate this is made of quicksand and precocious
What a land of noise and wet headwear
Monitoring horizons
What a great silence on the aimless earth
Preferred only by a few words
That do not even fulfil their destiny
It is not sadness exchanged for a window or a sensible flower
Nor is it a sea in place of memory
It is an aspiration within your night
It is life with all its seeds
Explaining itself and dressed up like a mountain bidding farewell
It is the struggle of hours and streets
It is the breath of trees invading the stars

They are wasted rivers
It is the fact of being loved and bleeding between the wings
Of having flesh and eyes in tune with one another
And rowing through the depths amongst diminished phantoms
And flying like the dead around the bell tower
Going through time orphaned by its suns
From dream to reality and reality to a tangled vision of night
And always as a man in secret dialogue
Always vaulting barriers as a man

AQUÍ ESTAMOS

Nada está sujeto a los ojos para siempre
Nada tiene lazos de leyenda a través del murmullo
Sólo tu sombra da el destino y despierta la caverna
Tu lumbre que suspira a modo de subir
Entregándose entera en su esperanza
Como chispa confiada y como signo de su hondura

Volvamos al principio sin conclusión alguna
En virginal salida de la piel vidente
Sin suceso del día ni del año sino largo memorial
De la raíz a la más alta punta
Con los dedos crecidos por el viento
Y el terror de los anuncios oscuros regalados
Humildemente regalados como semillas a la madre
Así el barco buscado por sus aguas
Ha de reconocer los fluidos de su acento
Y ser reconocido por las puertas hermanas

La idea es nacimiento y es sepulcro de grandes alas
Es vuelo general es huida de células y huesos
En árbol repentino sin recuerdo aparente
Es un río asomado a su balcón
En el ir y venir de rincones incógnitos
Entre cabezas y corazones asustados por su modo de ser

Infinito alarido por el tiempo enseñado
Con tanta muerte adentro que es cúspide de vida
Interminable océano sacrificado a la noche
Y noche sacrificada al sol que no la espera

HERE WE ARE

Nothing is subject to the eyes forever
Nothing has legendary links through whispers
Only your shadow delivers destiny and awakens the cave
Your brilliance which sighs as it rises
Yielding wholeheartedly in its hope
Like a trusted spark and as a sign of its depth

Let us go back to the beginning with no conclusion at all
In virginal exit from seeing skin
No result of the day or of the year but a long commemoration
From the roots to the highest point
With fingers swollen by the wind
And the horror of the offer of dark news
Given away humbly as seeds to the mother
So the ship sought by its seas
Must know the fluency of its accents
And be recognised by its sibling ports

The idea is birth and it is a tomb with great wings
It is universal flight it is the escape from cells and bones
In an unexpected tree seemingly with no memory
It is a river peeping over the balcony
In the comings and goings of unknown places
Between heads and hearts taken aback by their behaviour

Infinite scream for the accustomed time
With so much death inside that it is the pinnacle of life
Endless ocean sacrificed to the night
And night sacrificed to the unsuspecting sun

LA RAÍZ DE LA VOZ

Cada día me trae un vestido de sorpresas
Y un nuevo fuego a mi fuego interno
El alma tiene su oficio de pesadumbres
Que es como un agua de recuerdos
O de árboles que se mueven para parecerse al mar
Siento algo que sube de mis negras regiones
Y que pretende devolverme al cielo
Acaso dar mis ansias a la estrella que quiso apadrinarme

Hay una voz desterrada que persiste en mis sueños
Que viene atravesándome desde mis primeros días
Y que ha cruzado la larga cadena de mis ascendientes
Hay una luz de carne que persiste en mis noches
Que ata a ciertas almas con sus rayos

Hay una esperanza devoradora,
Un presagio de cumbre tocada con las manos
Un presagio ascendiendo como una flor de sed
Más poderoso que el canto de las lejanías escuchado prisionero
Hay algo que quiere hacer nacer mis modos no nacidos
Los trozos ignorados de mi ser silencioso
Tanto ha quedado en laberintos insaciables
O se han llevado los espejos mortales sin reparar en el peligro de las
                                                                        [sombras

Hay una noción de lágrimas y cálidas palabras
Que también han venido atravesando ríos
Y épocas como ciudades enterradas
Hay un trabajo de raíces sin sueño
Y al mismo tiempo una formación de distancias
Por la cual sangraremos a ciertas horas
Hay un latir de cosas que van a madurar tinieblas
Y buscan su palabra precisa para vivir entre nosotros

THE ROOTS OF THE VOICE

Every day brings me a garment full of surprises
And a new fire for my inner fire
The soul has its sorrowful trade
Which is like a lake of memories
Or of trees that move so they resemble the sea
I feel something rising from my black areas
And which seeks to return me to the heavens
Perhaps to give my longings to the star that wished to be my godfather

There is an outcast voice that lingers in my dreams,
That has been running through me since my earliest days
And that has passed down the long chain of my ancestors
There is always the glow of flesh in my nights
That binds some souls with its rays

There is an all-consuming hope
A premonition of a peak touched by my hands
A premonition rising like a flower out of thirst
More powerful than the captive song of far-off lands
There is something that wants to give birth to my unborn ways
The overlooked fragments of my silent self
So much has been left in insatiable labyrinths
Or they have taken away the deadly mirrors without considering the
                                                              danger of shadows

There is an idea of tears and warm words
Which have also been crossing rivers
And epochs like buried cities
There are roots that grow day and night
And at the same time distances building up
Through which we will bleed at certain times of the day
There is a pulse in things that will ripen into darkness
And seek the speech required to live among us

Buscan su olor distinto como lo busca cada flor
De todo esto será nuestro futuro
Y también hay un goce de campanas deshaciéndose de sus grandes sonidos

¡Oh transparencia de la soledad!
¡Oh libertad de augurio suspendido!
¡Oh filtro de la íntima conciencia que llora su destino!
Has escuchado tanto tu propia voz
Agonizando suspendida de ciertas células
Sin voluntad de espanto…
Escucha ahora la voz del mundo
Mira la vida que ondula como un árbol llamando al sol

Cuando un hombre está tocando sus raíces
La tierra canta con los astros hermanos

They seek its distinct fragrance just as each flower seeks it
All of this will be our future
And there is pleasure too in bells shedding their great sounds

Oh transparency of solitude!
Oh freedom of failed augury!
Oh filter of the intimate consciousness mourning its destiny!
You have listened so much to your own voice
Dying while hung from certain cells
With no wish to cause fright…
Listen now to the voice of the world
Observe life rippling like a tree calling to the sun

When a man touches his roots
The earth sings with its sibling stars

MIEDO DE ANTAÑO

A la voz del viajero
A la luz de una flor salada y suplicante
A la temperatura de las cosas ausentes
Se descubre el abrazo caído de los cielos
En la naturaleza de un planeta que sólo sabe ondular sus trigos

A la voz del fatal luminoso
Todo despierta y gira a nuestros pies
Su voz anuncia estrellas de cabellos blancos
Tiempos creados al azar como formas de mil golondrinas al vuelo

Y tempestades bien calculadas
Y misterios y cascadas y mujeres
Y un país lleno de voces nuevas
Con una gran montaña condenada a muerte

Tanto vive y tanto muere
En esa voz sin cadenas de piedra torturada
Y con celeridad de río y flanco de caballo enigmático
Su voz es triste como su piel
Y su piel triste como la nebulosa moribunda

Asombra el fuego de su cuerpo
La enorme distancia de sus bordes
Su manera de ser como rayo descubierto
Su manera de andar separando las noches
La cantidad de mundo que rueda por su voz
Y la ausencia de rostro en sus ojos

Los que sienten envejecer la voz en su garganta
De pie sobre las llanuras trémulas
Sin despertar la noche ni dividir el día

FEAR OF YEARS GONE BY

In the traveller's voice
In the light of an expensive and pleading flower
In the temperature of absent things
Is discovered the embrace fallen from the skies
In the wilderness of a planet that knows only how to ripple its wheat

In the voice of radiant doom
Everything awakens and spins at our feet
Its voice announces white-haired stars
Randomly created times in the form of a thousand swallows in flight

And well-calculated storms
And mysteries and waterfalls and women
And a country full of new voices
With a great mountain condemned to death

So much lives and so much dies
In that unchained voice of tortured stone
And with a river's swiftness and an enigmatic horse's flanks
Its voice is as sad as its skin
And its skin sad as the dying nebula

The fire in its body astounds
The enormous distance from its edges
It's the way it is like a flash of lightning unveiled
The way it goes separating the nights
The amount of world that rolls past your voice
And the absence of any face in its eyes

Those who feel the voice growing old in their throats
Standing above the trembling plains
Without waking the night or dividing the day

No ven el noble favor de la luz destinada
Como pecho de mujer

No confundamos los destinos
Ni el cielo con sus estrellas arropadas y sus cabellos blancos
Este es el mío este es el tuyo
Entregue cada cual su vida abierta
Como tributo al aire oliente a dulces esperanzas

Ríos del mundo
Con tal frescura en mi memoria
Que los muertos mueven los dedos
Aguas rodando propaladoras de riqueza
Soy vuestro ciego enternecido
Soy vuestro ciego con la memoria vuelta ondulación
Y accidente del tiempo

Soy vuestro ciego
Y soy el desorden de los mares
Y la noche vagabunda sabor de cosas recordadas
Y las distancias que adivina mi olfato
Y el paso de los animales en la noche
Y el árbol que palpita
Como el muerto que sigue deseando a su mujer

La vida es el misterio que sorprende
Soy vuestro ciego amargo
La vida se descifra por su terror de antaño
Y su gran canto de futuro lleno de signos luminosos
La única cosa que me ha dado es una estrella a vigilar
Pero el cerebro devorado por tantas lejanías
Sabe que el árbol de su música
Sorprenderá el mañana cuajado de luces infinitas
Sabe que se acerca el día y que acorta las distancias
De razas y de mundos y de cielos estáticos
Donde una estrella se golpea el pecho
Y agoniza sin descanso

They do not see the noble favour of predestined light
Like a woman's breast

Let us not confuse destinies
Nor the sky with its stars tucked in and its white hair
This one is mine this one is yours
Give each one its simple life
As a tribute to the air with its scent of sweet hopes

Rivers of the world
With such freshness in my memory
That the dead move their fingers
Tumbling waters divulging wealth
I am your tender blind man
I am your blind man whose memory has turned into a rippling
And accident of time

I am your blind man
And I am the disorder of the seas
And the roving night taste of things remembered
And the distances that my sense of smell predicts
And the passage of animals at night
And the pulsing tree
Like the dead man who still longs for his wife

Life is the mystery that surprises
I am your bitter blind man
Life is deciphered by its terror of yesteryear
And its great song of the future full of brilliant signs
The one thing it has given me is a star that keeps watch
But the brain consumed by so much distance
It knows that its music's tree
Will surprise the morning decorated with infinite lights
It knows the day approaches and that the distances are reducing
Between races and worlds and static skies
Where a star strikes the chest
And dies with no respite

Ahí viene al galope el día de las alas delirantes
Por el espacio huyendo de la muerte y de su astro
El espacio ensanchado a golpes de martillo
Ahí viene la noche de roca en roca sollozando

Y esa estrella no es la mía

Here the day comes at a canter with delirious wings
Fleeing through space from death and its star
Space enlarged by hammer blows
Here comes the night sobbing from rock to rock

And that star is not mine

LA NOCHE CANTABA UN DÍA

El olvido de su cera despegada
De su cera de viajeros recuerdos siguiendo pasos
En su cera de eco allí se queda

Mirada abandonada
Más soledad que pupila interminable
Más sollozo que isla involuntaria en su adornado mar
Los pájaros en peldaños hasta la ceguera
Señalando el límite de los derechos del día
La claridad con sus virtudes de agua venida a menos
Y las tinieblas resignadas en su temblor agonizante

Los hombres
Ahí van los hombres en su luz montante y sus mareas
Los hombres
Ahí van festejados por sus labios
Por su aceite como perla noctámbula
Ahí están los ojos
Para seguir el camino de los ojos
Ahí están las manos y los brazos
Para convertirse en flores al viento
Y en algas dulces en las noches de amor
Ahí están los árboles
Para trasladarse a nuestra memoria
Y llorar un muerto tierno como un arroyo
Ahí están los oídos
Para el entusiasmo del alba cargada en exceso
Para la ola que supo el último secreto
Para la piedra que conoció el comienzo
Y esconde adentro un ángel sedentario
Ahí están los pies
Para los senderos de los pies

THE NIGHT SANG ONE DAY

Detached from the oblivion of its wax
Of its wax of voyaging memories that follow footsteps
It remains there in its waxen echo

Abandoned gaze
More solitude than permanent inmate
More a sob than an unintended island in its ornate sea
Birds on rungs all the way to blindness
Pointing out the limits of the day's laws
Clarity with its watery virtues on the wane
And the darkness resigned in its dying shudder

The men
There go the men upright in light and in tides
The men
There they go celebrated by their lips
For their oil like night-owl pearls
Here are the eyes
To follow the progress of the eyes
Here are the hands and arms
For turning the wind into flowers
And into sweet seaweed during nights of love
Here are the trees
To be transferred into our memory
And to mourn a dead man gentle as a stream
Here are the ears
For the enthusiasm of the overcharged dawn
For the wave that knew the final secret
For the stone that knew the beginning
And hides inside a sedentary angel
Here are the feet
For the footpaths

Ahí está la noche
Para las estrellas de la noche

Los hombres ahí van sobre sus cumpleaños
Caídos de sus nombres como de una herida
Ahí van en marcha de alas lentas
Hacia la bella ceniza que deja un cigarro en el desierto

Árboles sonámbulos tendría mucho que deciros
Es realmente esta puerta de confines
Que debería separarnos
Si una ternura no uniera a otra ternura
Como los vagabundos delirantes atados por las yerbas
Como un amor cosido a la memoria
Como los signos del viajero
Con un miraje en cada sílaba
Y una muerta inagotable que sigue tras sus pasos
Y un recuerdo de fuego preferido
Adentro de una lágrima bajando por el día

Es realmente imposible tanta nube en espera
Tanto silencio para preparar un grito
O un sollozo o un canto de deshielo
En el pecho enternecido bajo sus sombras
La noche aproxima escenas de tiempos cicatrizados bajo la escarcha

La noche presta sus muertos
Trae alientos convulsos por sus calles lejanas
Teje escalas para los ciegos insaciables
La noche vuelve sin fin con sus ruedas dolorosas
Madura sus montañas y sus vientos hermanados

Ahí está la noche
Para que los mares enloquecidos
Se agranden hasta la muerte

Here is the night
For the night-time stars

The men there go on their birthdays
Fallen from their names as if from a wound
There they get underway with slow wings
As far as the beautiful ash left by a cigar in the desert

Sleepwalking trees would have much to tell you
It is really this boundary gate
That should keep us apart
If one tenderness did not join up with another
Like crazy vagrants tethered with herbs
Like a lover sewn into memory
Like the traveller's gestures
With a mirage in every syllable
And a tireless dead woman following in his footsteps
And a memory of a favourite fire
Inside a tear falling in the daytime

It is really impossible so many clouds waiting
So much silence to prepare a scream
Or a sob or a song of the thaw
In the breast softened under its shadows
The night approaches scenes of scarred times beneath the frost

The night lends its dead
Brings convulsive breaths through its distant streets
Weaves scales for the insatiable blind
The night returns endlessly with its sorrowful wheels
Ripens its matching mountains and winds

Here is the night
So that the crazed seas
Grow ever larger until they die

Es realmente imposible este vivir de lobos en acecho
Mordiendo la belleza venida de ese astro tan buscado
La calma del paisaje o sus anhelos
Es imposible este vivir a dentelladas
Defendiendo nuestras horas y nuestro pecho
Vuelve la noche y sólo ella se siente dueña
Se cree reina porque nadie supo coronar al día

Hombre qué has hecho
Hombre qué hiciste de tus olas optimistas
Algo ha rodado del sol y se ha perdido
Algo escondía nuestros tesoros como una golondrina que se asusta

Hombre hombre tanto pasado sin luz
Tanta piedra tanto árbol nacido para nada…
Un pájaro cantaba asido a sus raíces
Una lágrima al caer sentía la vejez del mundo

It is really impossible this living like wolves on the prowl
Biting the beauty that comes from that long sought-after star
The calm of the landscape or its desires
It is impossible to live this life in bites
Defending our hours and our breast
The night returns and only it feels it is mistress
It thinks it is a queen because no one knew how to crown the day

Man what have you done
Man what did you do with your optimistic waves?
Something has rolled in from the sun and has been lost
Something hid our treasures like a startled swallow

Man man so much past without light
So many stones so many trees born for nothing…
A bird sang clinging onto its roots
A tear as it fell sensed the ageing of the world

BALADA DE LO QUE NO VUELVE

Venía hacía mí por la sonrisa
Por el camino de su gracia
Y cambiaba las horas del día
El cielo de la noche se convertía en el cielo del amanecer
El mar era un árbol frondoso lleno de pájaros
Las flores daban campanadas de alegría
Y mi corazón se ponía a perfumar enloquecido

Van andando los días a lo largo del año
¿En dónde estás?
Me crece la mirada
Se me alargan las manos
En vano la soledad abre sus puertas
Y el silencio se llena de tus pasos de antaño
Me crece el corazón
Se me alargan los ojos
Y quisiera pedir otros ojos
Para ponerlos allí donde terminan los míos
¿En dónde estás ahora?
¿Qué sitio del mundo se está haciendo tibio con tu presencia?

Me crece el corazón como una esponja
O como esos corales que van a formar islas
Es inútil mirar los astros
O interrogar las piedras envanecidas
Es inútil mirar ese árbol que te dijo adiós el último
Y te saludará el primero a tu regreso
Eres substancia de lejanía
Y no hay remedio
Andan los días en tu busca
A qué seguir por todas partes la huella de sus pasos
El tiempo canta dulcemente
Mientras la herida cierra los párpados para dormirse

BALLAD OF WHAT WON'T RETURN

She came towards me through her smile
Along the path of her grace
And changed the hours of the day
The night sky turned into the dawn sky
The sea was a leafy tree filled with birds
Flowers rang out peals of joy
And my heart began frenziedly spraying on scent

The days keep going by throughout the year
Where are you?
My gaze expands
My hands are outstretched
Solitude opens its doors in vain
And the silence is filled with your footsteps from days past
My heart swells
My eyes grow larger
And I would like to request other eyes
To set them there where mine run out
Where are you now?
Which place in this world is being warmed by your presence?

My heart swells like a sponge
Or like those corals that form islands
It is futile to watch the stars
Or to question the hoary stones
It is futile to watch that tree which was the last to bid you farewell
And the first to greet your return
You are the essence of distance
And there is no cure
The days keep on pursuing you
Why follow their tracks everywhere
Time sings softly
While the wound closes its eyelids to sleep

Me crece el corazón
Hasta romper sus horizontes
Hasta saltar por encima de los árboles
Y estrellarse en el cielo
La noche sabe qué corazón tiene más amargura

Sigo las flores y me pierdo en el tiempo
De soledad en soledad
Sigo las olas y me pierdo en la noche
De soledad en soledad
Tú has escondido la luz en alguna parte
¿En dónde?, ¿En dónde? Andan los días en tu busca
Los días llagados coronados de espinas
Se caen se levantan
Y van goteando sangre
Te buscan los caminos de la tierra
De soledad en soledad
Me crece terriblemente el corazón
Nada vuelve
Todo es otra cosa
Nada vuelve nada vuelve
Se van las flores y las hierbas
El perfume apenas llega como una campanada de otra provincia

Vienen otras miradas y otras voces
Viene otra agua en el río
Vienen otras hojas de repente en el bosque
Todo es otra cosa
Nada vuelve
Se fueron los caminos
Se fueron los minutos y las horas
Se alejó el río para siempre
Como los cometas que tanto admiramos
Desbordará mi corazón sobre la tierra
Y el universo será mi corazón

My heart swells
Until it breaks its horizons
Until it leaps over the trees
And crashes into the sky
The night knows which heart carries more bitterness

I follow the flowers and lose myself in the time
From solitude to solitude
I follow the waves and lose myself in the night
From solitude to solitude
You have hidden the light somewhere
Where is it? Where is it? The days keep searching for you
Wounded days crowned with thorns
They fall they rise
And keep on dripping blood
The earth's roads search for you
From solitude to solitude
My heart swells terribly
Nothing returns
Everything is different
Nothing returns nothing returns
The flowers and herbs depart
Their scent barely reaches me like a peal of bells from another province

Other glances come and other voices
Other waters come to the river
Other leaves come suddenly into the woods
Everything is different
Nothing returns
The roads have gone
The minutes and the hours have gone
The river has left forever
Like the comets we admired so much
My heart will spill out upon the earth
And the universe will be my heart

SOLEDAD INACCESIBLE

Los sonidos de la soledad ascienden lentamente con su llave de oídos
[milenarios

Vuelo de los extremos pastando en sus atmósferas
El sueño cae de su magnificencia a nuestros límites gastados

Se adentra y agoniza en su canto
Somos alas caídas del cuerpo tenebroso del tiempo
Y giramos en torno del destino o en torno de un sueño inaccesible

Mientras el pensamiento en sus grutas marinas se ahonda cada día

Y las arañas oscuras se hacen enredaderas como los astros en sus elípticas
[o sobre sus estelas blancas

Hijos de tantas circunstancias
De tantos cruces de rayos de tanto roce de aromas
De choques de alaridos de confusión de lágrimas
De sangres salpicadas entre astros llenándose de voces
De rocas vírgenes llenándose de cantos
De árboles y vientos en maniobras delirantes
Conflagración de sueños cortando las edades
Como bellos fantasmas que detienen el corazón
Oh tribu de cadáveres perdidos
Y cielos que murieron o se fueron muy lejos encima de otros mundos
Hijos de fuegos y de mares aparecidos
Nuestro misterio aúlla por las aguas y los aires
Hijos de estrellas irresistibles
Lloremos y cantemos nuestro abrupto destino rodando tiempo abajo

Un pájaro muere bajo sus alas en un rincón desconocido
Se cierra el mundo en torno
Se cierran los sonidos y también los colores

INACCESSIBLE SOLITUDE

The sounds of loneliness rise slowly with their key to ancient ears

Flight from the extremes grazing on their atmospheres
The dream falls from its magnificence to our worn-out limits

It gets inside and fades away in song
We are wings fallen from the shadowy body of time
And we revolve around destiny or around an inaccessible dream

While thought in its undersea caverns deepens every day

And dark spiders become vines like stars in their orbits or in their
                                                                                                            [white trails

Children of so many circumstances
Of so many lightning strikes of so much clearing of scents
Of clashes of screams of confusion of tears
Of blood sprinkled amongst stars filling up with voices
Of virgin rocks filling up with songs
Of trees and winds in delirious manoeuvres
Conflagration of dreams cutting off the ages
Like beautiful phantoms that stop the heart
Oh tribe of lost corpses
And skies that died or went far away to the tops of other worlds
Sons of fires and rising seas
Our mystery howls its way through the waters and the air
Children of irresistible stars
Let us weep and sing our rough fate rolling down though time

A bird dies beneath its wings in an obscure corner of the world
The world closes down around us
Sounds close down and colours too

El pájaro melancólico que fue necesario al aire
Un día me miró con sus ojos de lluvia
Y ambos nos comprendimos para siempre

Se cierra el mundo
Se cierra el aire y también la luz
Es dulce saber que alguien comprende los sonidos de nuestro pecho
Y pensar que la sangre que corre a la muerte tiene sus afluentes

Un pájaro muere en un rincón desconocido
Un día nos hicimos promesas
Y nos contamos lo que sabíamos del cielo

Niñez de mi niñez
Amor de mi niñez
Riqueza en el dolor y la alegría temblorosa como una canción que
                                                              [da la espalda

Vida que viene entre enigmas y cubierta de noches
Como un gran sollozo que se desliza por el otro lado del cielo

¿En dónde está el aire asesinado de las tardes?
¿A dónde cayeron los abismos?
¿En dónde está la nada?

Ancianos de la tribu
Decidme algo del eterno naufragio
Apaguemos la sed de maravillas
El sobresalto que las alas dejaron en la espalda
Y este deseo de orillas que quema el corazón

Ancianos de la tribu
Iluminad un faro de alegría
El naufragio se mece sobre el tiempo
Cantemos el naufragio
El pensamiento duele de volar entre escollos repetidos
Cantemos el dolor y el volar y los escollos
La estatua del amor se levanta como una flor en gestos y signos infinitos

The melancholy bird that the air needed
Looked at me one day with its rain-filled eyes
And we understood one other forever

The world closes down
The air closes down and the light too
It is pleasant to know that someone understands the sounds from our chest
And to think the blood that runs towards death has its tributaries

A bird dies in an obscure corner of the world
One day we made promises to one other
And we told each other what we knew about the sky

Childhood of my childhood
Love of my childhood
Rich in sorrow and trembling joy like a song that turns its back on you

Life that comes between enigmas and the cover of night
Like a great sob sliding from the other side of the sky

Where is the murdered air of evening?
Where did the abysses fall to?
Where is nothingness?

Elders of the tribe
Tell me something of the eternal shipwreck
Let us quench our thirst for wonders
The consternation that wings left on my back
And this desire for the shore that burns my heart

Elders of the tribe
Light a beacon of joy
The shipwreck sways over time
Let us sing of the shipwreck
The thought hurts from flying between repeated barriers
Let us sing of pain and flying and barriers
The statue of love rises like a flower in gestures and infinite signs

Cantemos el amor y sus gestos y sus signos
Cantemos nuestra vida y nuestra muerte
Nuestro tal vez y nuestros pasos seguros
La insinuación de las semillas

El brotar de selvas en el alma
Y el brotar de almas en los países de la piel dormida
Y si nada sabemos
Cantemos el goce de cantar
Y aun el no saber y el no cantar

Los ancianos de ojos eternos
Aquellos que son tan viejos como el puerto
Contemplan el humo de los barcos como un césped
Contemplan los velámenes como destinos desplegados
Y tiemblan de una sed lejana y sin remedio
He ahí la sed de otros contornos
He ahí el impulso hacia otra cosa
Al cambio de sí mismo
A otras sombras y distintos torbellinos
He ahí la tiniebla en las entrañas

Nada más sumergido que ese anhelo de línea convertida en punto
Nada más raíz oscura que esa angustia de atmósfera distante
Ese pensar secreto
Ese trabajo de agua subterránea

Las miradas del ansia elevan la temperatura
Hoy estoy con vosotros
Y mañana mi desconsuelo nadará en otros ojos
Mi alegría morirá sobre otros corazones
Entre sonidos de pasos extraños
Bajo un amor recordado como una luz al fondo de la niebla
Y acaso sin memoria como una primera medianoche construida de
                                                            [repente

Let us sing of love and its gestures and signs
Let us sing of our life and of our death
Our maybe and our sure steps
The insinuation of seeds

The budding of jungles in the soul
And the budding of souls in the lands of sleeping skin
And if we knew nothing
Let us sing of the joy of singing
And even of not knowing and not singing

The elders with eternal eyes
Those who are as old as the harbour
Behold the smoke from ships as if it were a lawn
Behold the sails as if they were destiny unfurled
And they tremble with a distant and hopeless thirst
Here is the thirst for fresh climes
Here is the drive towards something different
To change oneself
To other shadows and different whirlwinds
Here is the darkness within

Nothing immersed further than that longing for a line turned into a point
No more dark roots than that fear of distant air
That secret thinking
That work of underground water

Yearning gazes raise the temperature
Today I am with you all
And tomorrow my grief will swim in other eyes
My joy will die in other hearts
Amongst the sounds of strange footsteps
Beneath a love remembered like a light in the deepest fog
And perhaps with no memory like a first midnight erected on the spur
                                        [of the moment

AL OÍDO DEL TIEMPO

Tengo grandes sueños que acumulan tesoros en las raíces de los árboles

Tengo ese oficio que hace morir al mar
Voy andando en semejanza de cosa alada
A veces canto porque las lágrimas se hacen demasiado gruesas

El universo viene a picotear en mis manos
Los que no saben lo espantan torpemente
Tengo grandes ansias y vergüenza de todo
Como una hora que se detiene a pedir pan
Como aquel que no puede decir lo que quiere
Enterrado al fondo de su raza

Contemplo de tan alto que todo se hace aire
Contemplo el ojo enorme de la tierra
Qué hacer qué hacer
La luna insomne pasa dulcemente
Un río sin voluntad se extasía en silencio
La luz empapada en sus faroles de puertos angustiados
No sabe tampoco qué decir
Ni el faro que ilumina las vitrinas del mar

El río tiene pena
Y una tal cantidad de ojos extasiados
Que la noche podría equivocarse
Que los árboles podrían hacerse vagabundos
Luego todo se va
Y yo miro la tierra y sus distancias desesperadas
Cuando las olas se hablan entre sí

No hay formas no hay colores
No hay seres al fin en esta luz sin luz
Desaparece la creación y sus augurios

IN TIME'S EAR

I have great dreams that store treasures in the roots of trees

I am tasked with making the sea die
I walk with the semblance of a winged being
Sometimes I sing because the tears become too heavy

The universe comes to peck at my hands
Those who are unaware scare it away clumsily
I have great desires and am ashamed of everything
Like an hour that stops to ask for bread
Like someone who can't say what he wants
Buried in the depths of his race

I gaze from such a height that everything turns into air
I gaze at the enormous eye of the earth
What to do what to do
The sleepless moon goes softly by
An unwilling river is ecstatic in silence
The light saturated in lanterns from distressed harbours
He too knows not what to say
Nor the beacon that lights up the sea's displays

The river grieves
And has such a number of elated eyes
That the night could be wrong
That the trees could be turning into vagrants
Then it all goes away
And I observe the land and its desperate distances
When the waves talk amongst themselves

There are no shapes there are no colours
After all nothing lives in this lightless light
Creation disappears and its omens

Sus pensamientos sus sensaciones y también sus imágenes
Y hasta sus sueños de substancias prisioneras
La nada luminosa
Ni luminosa ni oscura
La armonía de la nada sin armonía
La nada y el todo sin todo
Para ver esto hay que resucitar dos veces
Para sentirlo hay que morir primero

Its thoughts its feelings and its images too
And even its dreams of captive beings
The bright nothingness
Neither bright nor dark
The harmony of nothingness without harmony
Nothingness and everything without everything
To see this you have to be resurrected twice
To feel it you have to die first

ESA ANGUSTIA
QUE SE NOS PEGA

Esperemos la muerte
En vez de esperar la vida
¿Se trata de vivir para morir
O de vivir para vivir
O tal vez de morir para vivir?
¿Y si fuera morir para morir?

Saludamos los problemas de la angustia
El sombrero se levanta hacia el vacío
Y hay un poco de azul en el espacio de veinte a treinta centímetros
Pero el árbol que es más cuerdo

No saluda a nadie
O sólo saluda a la noche
Que se hace representar por ciertos pájaros
O por algunas nubes de corta vida

¿Puedes decirme muerte
En dónde está el amor?
Cómo viajas y te hundes y te vuelves
En dónde está tu sitio predilecto?
Todos los mares son el nido
Canta la ola y hace una sombra y sus arterias ríen
Oh muerte en dónde está tu sitio predilecto
En qué parte de mi cuerpo estás ahora
En qué sitio del mundo tu nombre prevalece
Desde dónde te preparas a cortar mis raíces?

Oh amargura sin fin oh vida de torrentes amarillos
Ángeles a tanto el corazón en su impermeable acaso
En su razón de longitudes sin salida

THAT ANXIETY
WHICH CLINGS TO US

Let us hope for death
Instead of hoping for life
Is this about living to die
Or living to live
Or maybe dying to live?
And what if we were dying to die?

We greet the problems of anxiety
Hat doffed to the void
And there's a little blue in the twenty- to thirty-centimetre gap
But the tree that is the most sensible

Greets no-one
Or only greets the night
That is represented by specific birds
Or by some short-lived clouds

Can you tell me death
Where love lies?
How you travel and you get lost and you return
Which place is your favourite?
All seas are the nest
The wave sings and makes a shadow and its arteries laugh
O death which place is your favourite
Which part of my body are you in now?
In which part of the world does your name prevail
From what place are you preparing to cut my roots?

Oh endless bitterness oh life of yellow floods
Angels like the heart in its impervious chance
In its argument for dead-end spans

Qué hacéis de vuestros días increíbles
No escucháis la tragedia de las horas
La muerte llorando a un muerto
Los árboles saltando disparados de la tierra?

Mis suspiros se acercan al último suspiro
Tú buscas mi alegría y mi tristeza
Lo que puede haber en mis ojos de los ojos de mi madre
Buscas un amor en los túneles de mi alma
Buscas la luna que se fue
Levantada por las grúas de la noche
Frente al dolor de los fatales
Buscas en mi mirada de mundo malherido
La hora de la muerte

What are you doing with your incredible days
Do you not hear the tragedy of the hours
The dead woman mourning a dead man
Trees leaping up as if fired from the ground?

My sighs approach the final sigh
You seek my happiness and my sadness
What may be in my eyes comes from my mother's eyes
You seek love in my soul's tunnels
You seek the moon that has departed
Raised by night's cranes
Faced with the pain of mortals
In my gaze you seek the gravely wounded world
The time of death

LA VIDA AL AIRE

Corriendo en arena alegre hasta el fin del pensamiento
Buscando a tientas los trozos perdidos y las hojas de nostalgias armoniosas
La más hermosa sabe que ha de llegar un día grande como las edades

El corazón estruja el agua de su esponja
Y corre por las noches de su vida
Vestido de sangre y desnudando al tiempo
Entre su arena lenta y su ataúd

El corazón sabe que hay un mañana atado
Y que hay que libertar
Y vive en sus silencios y su luz desgraciada
Como el brillo que los faroles han robado a los árboles

LIFE IN THE AIR

Running in sand happy until the end of thought
Groping after lost fragments and the leaves of harmonious longings
The most beautiful woman knows that a day as great as the ages is upon us

The heart squeezes water from its sponge
And runs through the nights of its life
Dressed in blood and stripping time
Between its slow sand and its coffin

The heart knows there is a morning tethered there
And that it must be freed
And it lives in its silences and its wretched light
Like the glow the street-lamps have stolen from the trees

INTIMIDAD

Has de saber que en el momento de toda puerta que no debe abrirse
                                                    [para no morir
Hay una piedra crecida a rayos lentos en la memoria
Hay una hoja adentro de su tiempo
Y un tiempo adentro de su molino
Has de saber que cuando cae el mármol de su estatua
Y el lago se contempla en la tristeza
Debemos sonreír y cantar en rosa blanca
Con nuestro propio sol de base y la dulce montaña como guía
Has de saber que nada es lágrima ni lámpara caída
Que todo es esperanza de mar
Y realidad de tiempo respirado

Los siglos se vacían de sus muertos
En los tatuajes de la tempestad la savia sube a su amargura
En esta hora de las puertas cerradas
Hay un bosque decidido a todo
Hay una flor que nos abre los ojos
Una música de enormes augurios
Como las raíces de los ríos donde las yerbas se sientan a comer

Tiempo en pavor
Pavor en vértigo de bandadas a la muerte
Hay un árbol que se aferra al cielo y que trepa
Hay un alma en su lejana provincia
Con el acento de sí misma
Con el martirio de piedras y caminos ahogados
Hay un perfume esperando la hora de morir

Es el frío de estar lejos en un olvido espeso
Sin una noche sin un mar
Es el tenebroso irresistible que escucha sus palabras
A la hora en que los colores se hacen señas

INTIMACY

You should be aware that in the life of every door that should not be
                                                    [opened on pain of death
There is a stone grown with slow glimmers in the memory
There is a leaf inside its time
And a time inside its mill
You should be aware that when the marble falls from its statue
And the lake is viewed in sadness
We should smile and sing in a white rose
With our own sun as a base and the gentle mountain as our guide
You should be aware that nothing is a tear or a fallen lamp
That everything is the hope of the sea
And reality of time inhaled

The centuries empty out their dead
In the storm's tattoos the sap rises to its bitterness
In this time of closed doors
There is a forest determined to do everything
There is a flower that opens our eyes
A music of enormous foreboding
Like the sources of rivers where herbs sit down to eat

Time in dread
Dread in the vertigo of death squads
There is a tree clinging to the sky and climbing up
There is a soul in its distant province
With its very own accent
With the martyrdom of stones and submerged roads
There is a perfume awaiting the hour of death

It is the cold of being far away in a dense oblivion
With no night with no sea
It is the irresistible gloomy one that listens to its words
At the time when colours beckon to each other

Cementerio de un árbol en el aire que gime
La voz la voz de la fatal dolencia
Esa congoja que se complace entre sus ramas
Ese lado del río que prefiere oírse cantar
Esa palpitación de anuncios sin sentido
Como tu ausencia en un día hermoso

Voz que descarga sus torturas
Voz que construye los designios
Es un dolor semejante a la más vieja tumba
Es el muerto que echa de menos su última mirada

Cemetery of a tree in the groaning air
The voice the voice of the fatal illness
That dismay that indulges itself amongst its branches
That side of the river which prefers the sound of its own voice
That throbbing of meaningless announcements
Like your absence on a beautiful day

Voice unloading its tortures
Voice putting together the designs
It is a pain akin to that of the oldest tomb
It is the dead man who misses his last look

ALTURA PROPIA

Sobre mi cabeza sobre mis sueños
Sobre mi pecho de opacas tempestades
Pasan los rostros de estallidos sangrientos
Pasan los muertos sucesivos con sus ojos inmensos

Más alto que las piedras de párpados dormidos
Más alto que las selvas en la región del grito
Más alto que la montaña que mira su río pródigo alejarse inconsciente

Más alto que el cielo acurrucado bajo sus alas
Pasa el olvido con su mar de fondo
Sobre mi puerta sumergida
Sobre la punta de mis manos
Más alto que la montaña que contempla las olas como nietos jugando

Más alto que el origen de cada astro
Vive tu tibio andar y tu gracia de sombra adolescente
Tu lenguaje inclinado en los recuerdos

MY OWN HEIGHT

Above my head above my dreams
Above my chest of opaque storms
The faces of bloody explosions pass by
One after another the dead with their huge eyes pass by

Higher up than the stones of sleeping eyelids
Higher up than the jungles in the zone of screams
Higher up than the mountain that watches its prodigal river unwittingly
[move away

Higher up than the sky huddled beneath its wings
Oblivion passes by on its groundswell
Above my submerged door
Above the tips of my fingers
Higher up than the mountain that observes the waves as if they were
[grandchildren playing

Higher up than the origin of each star
Lives your warm ride and your adolescent shadow's grace
Your language influenced by memories

ANSIA

Un hombre a la muerte
Siente un deseo constructor
Un tal anhelo que cree no caber en la muerte
Siente amor a su sangre
Y a los caminos recorridos con inútiles pasos

Construir un gran invierno
Construir un infinito de noches crujidoras
Como miradas superpuestas a través de los tiempos
Un infinito de tinieblas en larga ondulación de campanadas

Construir un río de labios temblorosos
Un amor sacrificado
Llenando de lágrimas la eternidad
Para ir saltando de una en una
Como sobre las piedras de ese arroyo inesperado más allá de la vida

Construir un astro de alas tan grandes como su cielo
Un astro de latidos de corazón maravillado
Un mundo de horizontes detenidos
Un mundo como un salvavidas arrojado al espacio

Un hombre a la muerte
Llora por su vida de alas cortas y hielos oscuros
Siente la luz que se convierte en mármol
Y ese ruido del árbol cuando se hace animal

EAGERNESS

Until his death a man
Feels a desire to build
Such a longing that he believes does not befit death
He feels love for his blood
And for roads travelled with useless steps

Building a great winter
Building an infinite number of creaking nights
Like overlapping gazes through the ages
An infinity of darkness in the long rippling of bells

Building a river of trembling lips
A love sacrificed
Filling eternity with tears
To leap from one to the other
As if over the stones of that unforeseen stream beyond life

Building a star with wings as great as its sky
A star with astonished heartbeats
A world of motionless horizons
A world like a lifebelt thrown into space

At his death a man
Mourns his life of short wings and dark frost
Feels the light that turns into marble
And that sound the tree makes when it turns into an animal

UN DÍA VENDRÁ

Una mirada perdida en el pájaro
Un pájaro perdido en la mirada
Una ciudad secreta en el pecho de una mujer
Viaja a pie descalzo a través de los vientos favorables

Las olas perseguidas por los ojos
Las olas perseguidas por el silencio
El silencio en la mirada del pájaro
Las olas en la mirada del silencio
El pájaro en la mirada de las olas
Y las miradas del pájaro en las olas

Vuestro fantasma es un campo cerrado como una garganta
Como una lágrima de silencio en los ojos del pájaro
¿En dónde está el desierto recordando su infancia
Y la mano sin sombra sedienta de sorpresas?
Queremos el camino del trueno
Y un pensamiento desgarrador en lugar de una estrella

Es preciso crear la luz y el sueño
En el hueco de la mano

Es preciso extender el desierto de la sombra hasta las orillas del huracán
Transportar el mar a la montaña
Descubrir una lágrima como un continente
El pájaro perseguido por las olas es favorable

El desierto está ávido de sorpresas y del fantasma sin reflejos

Esto hace a la sombra bajar de la montaña
Esto hace cerrar las rejas del océano
Y que la lluvia caiga sobre las miradas del viento

A DAY WILL COME

A gaze lost in the bird
A bird lost in the gaze
A secret city in a woman's breast
Travelling barefoot through favourable winds

Waves pursued by eyes
Waves pursued by silence
Silence in the bird's gaze
Waves in the silence's gaze
The bird in the waves' gaze
And the bird's gaze in the waves

Your phantom is a field closed like a throat
Like a silent tear in the bird's eyes
Where is the desert remembering its childhood
And the unshadowed hand thirsting for surprises?
We want the path of thunder
And a heartrending thought instead of a star

Light and dreams must be created
In the palm of the hand

The shadow desert must be extended to the shores of the hurricane
The sea transported to the mountain
A teardrop discovered like a continent
The bird pursued by waves is auspicious

The desert is eager for surprises and for the phantom that has no reflection

This makes the shadow come down from the mountain
This makes the gates of the ocean close
And the rain fall on the wind's gaze

Fantasma en libertad sobre los puentes
Sobre los puentes del pecho y la cabeza
De pecho peligroso a pecho frío
De cabeza en cabeza
Con sus mercaderías de sueños y de anuncios

Fantasma en libertad sobre los mares
Canta el triunfo del que trabaja sobre aquel que paga
Canta la muerte del que fabrica esclavos en yunques dolorosos
Canta la bandera del alba que marcha
Roja como los ojos de la cólera y sus mareas
Como los ojos que han llorado largos siglos

Canta fantasma
Una ciudad perdida en el pájaro
Un pájaro perdido en el pecho de una mujer
Un viento perdido en la ciudad
Canta fantasma en libertad sobre los árboles
Un viento perdido en la mirada de un pájaro
Un mundo naciente que se eleva del mar en silencio
Un mundo mecido en los brazos de las olas

Phantom at liberty on the bridges
On the bridges of chest and head
From dangerous chest to cold chest
From head to head
With its merchandise of dreams and advertisements

Phantom at liberty on the seas
Singing the triumph of the worker over whoever pays his wages
Singing the death of the slaver on painful anvils
Singing the flag of dawn that proceeds
Red as the eyes of rage and its tides
Like eyes that have wept for long centuries

Sing phantom
A city lost in the bird
A bird lost in a woman's breast
A wind lost in the city
Sing phantom at liberty above the trees
A wind lost in a bird's gaze
A nascent world rising from the sea in silence
A world rocked in the arms of the waves

INFANCIA DE LA VIDA

La cabeza en medio del sueño
Y sus raíces en el sueño
La cabeza en medio del espacio
Y sus raíces en el espacio

La infancia de la cabeza
Con sus ojos que juegan en las praderas
La infancia de las orejas que se dejan ir a lo largo del agua
La infancia de las praderas que no piensan que hay que ganar su vida

Ignorad siempre las pesadillas de las nubes
Las desgracias del viento
Los males de la noche
Porque la noche sufre de no conocer su estatura

Durante la noche el viento ha rozado miles de espectros
Los muertos se acuestan sobre las nubes
Y contemplan la tierra

Sin ruido sin ruido
Es el momento grave de los buzos
Cuando todas las cosas cortan sus raíces
Sin ruido sin ruido
Y vuelan a la luna
A tomar buen lugar o solamente a cambiar de aire

LIFE'S CHILDHOOD

The head in the midst of the dream
And its roots in the dream
The head in the midst of space
And its roots in space

The childhood of the head
With its eyes playing in the meadows
The childhood of ears that are allowed along the water
The childhood of meadows that don't believe they need to earn a living

Always ignore the clouds' nightmares
The wind's misfortunes
The night's ills
Because the night suffers from not knowing its stature

During the night the wind has touched thousands of wraiths
The dead lie on the clouds
And behold the earth

Without a sound without a sound
It is the serious time for divers
When all things cut their roots
Without a sound without a sound
And fly to the moon
To take up a good position or simply to seek a change of air

INFANCIA DE LA MUERTE

Señora Tempestad he ahí vuestro demonio
Él corre como un cabello
Canta como el árbol donde maduran las aldeas
Buenos días buenas tardes
Él delira vestido como un príncipe

Cuidado con los pájaros que se anclan
Cuidado con el imán del más allá que atrae nuestros pies

El mar nace de su propio discurso
Cortad las alas al velero orgulloso
Que muere porque la luna silba hacia las grandes lontananzas
Y que hace al pasar un ruido más dulce que la arena muriendo
Él se mira desde el fondo de su edad
Peina su larga cabellera como las serpientes del milagro
Mira su pecho donde aún queda un sueño caliente de cuando era tierra
Piensa en su mañana de esqueleto sin ojos
Y tiembla como un vuelo de palomas

El horizonte esperado llegará esta noche
Podemos ya agitar nuestros pañuelos
Vestir nuestras estatuas de ojos tan tiernos
He ahí he ahí
Colgad de las nubes los más hermosos cortinajes
He ahí he ahí
La noche viene con todas sus ovejas
Nos ha visto de lejos las líneas de la mano
Se ha sentado y se mira en el arroyo
Come nueces de angustia y habla al oído del viento

He ahí he ahí
La luna silba el barco se detiene
La arena sigue su destino

DEATH'S CHILDHOOD

Madame Tempest behold your demon
It flows like hair
Sings like the tree where villages ripen
Good morning good afternoon
It raves dressed like a prince

Beware of birds that are anchored
Beware of the magnet from the hereafter that attracts our feet

The sea is born of its own speech
Cut the wings off the proud yacht
That dies because the moon whistles towards the farthest reaches
And when passing makes a sweeter noise than the dying sand
It looks at itself from the depths of its age
Combs its long tresses like miraculous snakes
Looks at its chest where there's still a heated dream from when it was earth
Thinks of its skeleton morning with no eyes
And quivers like a flight of doves

The expected horizon will come tonight
We can flutter our handkerchiefs
Dress our statues with such tender eyes
Here it is here it is
Hang the most beautiful curtains from the clouds
Here it is here it is
The night arrives with all its sheep
It has seen from afar the lines on our hands
It has sat down and it looks into the stream
Eats nuts of anxiety and speaks into the wind's ear

Here it is here it is
The moon whistles the boat stops
The sand follows its destiny

CAMINO INÚTIL

Cortar el suspiro del infinito nacido en nuestro pecho
Cortar la tarde con sus grandes senos desesperados
El miedo de los labios ante el canto que brota
El miedo de la montaña ante la luna
Y del tiempo en mi cabeza ante el tiempo en su vacío

Yo ando sobre mi sangre desesperada
Buscando el rincón secreto de mí mismo
Sin miedo de caer sobre mis montañas
Sin miedo a la tempestad que se prepara en mis ojos
Andando sobre el barco de mí mismo
Sobre este esqueleto sin vuelta y sin tristeza
Andando andando
Amenazado por tanta semilla propia
Por tanta oscuridad que quisiera cantar
El buque tiene sus olas contadas
Lleva un espíritu de savia en su árbol astrológico
Y no me obedece cuando mi voz llega a su destino
Cuando abro los ojos para que quepa el sol

USELESS PATH

Cutting the sigh of infinity born in our chest
Cutting the afternoon with its desperate great breasts
The lips' fear of the song that bursts forth
The mountain's fear of the moon
And in my head time's fear of time in its void

I walk upon my desperate blood
Seeking the secret corner of my own self
With no fear of falling onto my mountains
With no fear of the storm brewing in my eyes
Walking upon the ship of my own self
Upon this skeleton with no way back and no sadness
Walking walking
Threatened by so many seeds of my own
By so much darkness that would like to sing
The vessel has its waves numbered
It carries a spirit of sap in its astrological tree
And does not obey me when my voice reaches its destination
When I open my eyes for the sun to fit in

BOCA DE CORAZÓN

Por qué llorar
Si un hombre de eucaliptos dolorido
Nos saluda como un ángel
En verdad yo desearía un sacrificio inmenso
Creer en la noche y sus máscaras cerradas
Creer en dioses más viejos que los astros
En los amigos inviolables
En las casas vestidas de amor

El mundo tiene momentos de sorpresas
Cuando los árboles se cansan de guerrear
Cuando el hombre se calla
Y le deslumbran las montañas que tiene adentro
La noche hace salir al mundo de su lágrima ardiente
Y ofrece sus hadas al viento arrepentido

Prefiero un alma donde nadie ha escrito nada
Donde no han crecido plantas
Más que todo me gusta ebriedad de las islas
Que son un personaje de sueños prohibidos
Con su tarde propia llena de hojas indiferentes
Y un bosque parado por delante
Para ocultar las momias y sus ángeles sonámbulos

Por qué llorar
La vida consiste en pensar en la muerte
En quedarse quieto
Para sentir una lágrima que va naciendo en el corazón
Por qué llorar
Una experiencia redonda como los astros
Cae todo los días del techo del día
La muerte es no saber si estamos ciegos

MOUTH OF THE HEART

Why weep
If a eucalyptus man in pain
Greets us like an angel
Truly I would wish for a huge sacrifice
Believing in the night and its closed masks
Believing in gods older than the stars
In unshakable friends
In houses clothed with love

The world has moments of surprise
When the trees grow tired of warfare
When man is silent
And is dazzled by the mountains within him
The night brings the world out of its burning teardrops
And offers its fate to the repentant wind

I prefer a soul where no one has written anything
Where no plants have grown
Most of all I like the drunkenness of islands
That are a character from forbidden dreams
With its own evening full of indifferent leaves
And a forest standing in front
To hide the mummies and their sleepwalking angels

Why weep
Life consists of thinking about death
About remaining still
So as to feel a teardrop about to be born in the heart
Why weep
An experience rounded like the stars
Falls every day from the roof of day
Death is not knowing if we are blind

No acepto el sonido que penetra en los planetas
No acepto el llanto que se hunde
Y sale en diálogo de árboles
Y se va río abajo como la muerte
En alaridos de estrella adivinada
Es mucho y no es bastante
Escalofrío dibujado al fondo como perla triste entre sus malezas

Escalofrío azul pintado en las estrellas

Estoy sólo y blanco
Miro la vida que se levanta
Miro los ojos azules y los ojos negros
Siento la gracia desnuda de estos campos
Cuando los colores se quedan dormidos en su color
Y sufro a pesar de la luz desparramada

Para llorar con los ojos azules
Tenía una tristeza la tristeza
La tarde se llenaba de aparecidos en oscuros ritos
Yo me alejaba solo y blanco
Para llorar con los ojos negros
Tenía una montaña la montaña
Se oían batir las alas de la luna
Yo me alejaba como un suspiro a sus estrellas

Para llorar moría el mar
Moría el viento lleno de animales doloridos
Sobre las playas de tu voz
Sufría el mundo en su ataúd de cielo
Es mejor alejarse de estos destinos y estos sueños
Como el suspiro que cumple con su deber
Alejarse alejarse
En la cumbre de la montaña
Hay una piedra que habla

I don't accept the sound penetrating the planets
I don't accept the cry sinking in
And coming out in tree dialogues
And going downstream like death
With the shrieks of a star foretold
It is too much and not enough
Chill drawn in the background like a sad pearl among its weeds

Blue chill painted in the stars

I am alone and white
I observe life rising
I observe blue eyes and black eyes
I feel the naked grace of these fields
When colours fall asleep in their colour
And I suffer despite the scattered light

So as to weep with blue eyes
The sadness had a sadness
The afternoon was filled with apparitions in dark rites
I walked away alone and white
To weep with black eyes
The mountain had a mountain
The moon's wings could be heard beating
I wandered away like a sigh to its stars

So as to weep the sea died
The wind died full of animals in pain
On the beaches of your voice
The world suffered in its celestial coffin
It is better to distance oneself from these fates and these dreams
Like the sigh that does its duty
Distancing distancing
On the mountain top
There is a stone that speaks

ALIENTO

El hálito del poema apaga todas las bujías del mundo
No hay más fósforos en el cielo ni en los bolsillos del viento
Hay el poeta y algo grande en torno suyo
Los astros del destino nadan sin ruido
Su aliento propulsor cambia la vida
Arrastra témpanos y borrascas encima del tiempo
Sus ojos leen la eternidad
Sus manos abren la puerta de las estrellas desconocidas
Y él espera arriba de la escala
Él solo ante el absoluto

Un astro gira
Una campana suena
Una campana lanza sus dados sobre los destinos
Entre los hombres
Descienden pasos al fondo del alma
El azar cae sin emoción de los dedos celestes
Los arroyos desembocan en el corazón
Los ríos desembocan en los ojos
El infinito en la palabra
La palabra desemboca en la boca
En la lengua donde el cielo se acuesta
La eternidad se escapa por la ventana
Un misterio se realiza en el espacio
Los lazos se rompen los mares se desatan
Un mundo nuevo va a nacer

El pecho el azar la eternidad
El aliento del poema alumbra el incendio de los cielos que al fin han
                              [comprendido su verdad

BREATH

The breath of the poem extinguishes all the spark plugs in the world
There are no more matches in the sky or in the wind's pockets
There's the poet and there's something great around him
The stars of destiny swim soundlessly
His propulsive breath changes life
Drags ice floes and squalls above the weather
His eyes read eternity
His hands open the door to unknown stars
And he waits at the top of the ladder
He alone facing the absolute

A star turns
A bell rings
A bell throws its dice on our fates
Amongst men
Footsteps descend into the depths of the soul
Chance falls with no emotion from heavenly fingers
Streams discharge into the heart
Rivers discharge into the eyes
Infinity into the word
The word discharges into the mouth
Onto the tongue where the sky lies sleeping
Eternity escapes through the window
A mystery occurs in space
Ties are broken seas are unleashed
A new world will be born

Breast chance eternity
The breath of the poem lights the celestial fires that have at last
                                        [understood their truth

EN VIDA

Un hombre se levanta y mira el universo
Con sus pastores cálidos de primera mañana
Un hombre se incorpora y mira sus misterios
Multiplicados en sorpresas de aire y piedra
En peso sobre el pecho de niño atardecido
Que llora un mundo que lo ahoga
Y siempre comienza fuera de sus manos
Un hombre se incorpora y mira las estrellas
Delante de las fuentes de sí mismas
Ocultando su ser y diciendo que son...
Los astros inspirados en su calma de suelo
Con los labios callados
Y sus alientos que envuelven climas preferidos

Un hombre se levanta y se mira desnudo
Y tan lleno de herencias tan vestido
De cosas que no sabe de dónde le vienen
Tan solitario y en eterno diálogo
Para que el universo no se le muera en las entrañas
Un hombre se levanta y se acerca a sus pasos
Se acerca temblando a su destino hospitalario
A su manera de ser vida
Con las alas abiertas y las heridas de la tierra en su garganta
Un hombre se acerca a su andar de signo triste
A su manera de ser muerte
Con las células dadas a otras formas
Un hombre se levanta y se acerca al corazón
Para ahondar la vida que lo ahoga
Espera el brote de un árbol en su espalda
Y llora porque la noche hace llorar al mar

Un hombre se levanta y se llena de recuerdos
Desarticula los sepulcros

IN LIFE

A man stands up and observes the universe
With its warm early-morning shepherds
A man sits up and observes its mysteries
Multiplied in surprises of air and stone
In weight on the chest of an evening child
That mourns a world which drowns it
And always begins beyond its hands
A man sits up and observes the stars
In front of their very sources
Hiding their existence and saying they are…
The stars inspired in their grounded calm
With silent lips
And their breath enveloping favoured climes

A man stands up and observes himself naked
And so full of heirlooms so clothed
With things whose origins he does not know
So lonely and in eternal dialogue
So that the universe does not die in his heart
A man stands up and approaches his footsteps
Approaches his welcome destiny trembling
In his own way being life
With wings spread and the wounds of the earth in his throat
A man behaves more like his gloomy sign
His way of being death
With his cells given to other forms
A man stands up and approaches the heart
To delve into the life that chokes him
Waits for a tree to bud on his back
And weeps because the night makes the sea weep

A man stands up and is filled with memories
Dismantles the sepulchres

Contempla los destinos y los augurios de la fuerza
Y contempla las flores que se salen de madre
Y se contempla
Trasladado de piedra a ruido de eternidad
Y escucha y se escucha
Siente andar en sus pies las selvas que se abrigan en el verano
Y se entrega al olvido

Un hombre se levanta y marcha hacia sus límites

Considers the fates and the omens of strength
And observes the flowers that burst forth
And observes
Transmuted from stone into the sound of eternity
And he listens and listens
At his feet he feels the jungles that take shelter in the summer
And surrenders to oblivion

A man stands up and moves towards his limits

INMÓVIL

Habiéndole dicho al árbol
Señor dejaos cortar el pelo
Porque la música crece crece
Y el tiempo cambia su espacio tan frecuente
Bajaron las estrellas
Subieron nuestros ojos
Y las hojas llorando sus mañanas
No se movieron tras el agua
No se cambiaron para el tiempo
Nada murió a la aparición de los violines y sus flores

Bajaron las estrellas
Las cabelleras turbulentas
Subieron a sus árboles
Contemplaron el monte con su destino de paloma
Y la cadena de días que se enrolla en sí misma
Como las lanas de la luna

El hábito no hace al monte[1]
Ni la luna hace al mar
Ni la música al piano con todas sus estrellas dolorosas
Es así aunque no lo pueda explicar la lluvia
Ni el cansado que se duerme en sus notas
Ni el que viene por la derecha con los ojos al viento
Es así y las olas se alejan en puntillas
Como si fueran a visitar a un agonizante

El hábito no hace al monte
Ni el clavel al cielo con sus rebaños lúgubres
Estás inmóvil oyendo tu crecer interno
El cielo trae de la mano un viento de aromas olvidados

---
[1] Variación al "El hábito no hace al monje"

IMMOBILE

Having said to the tree
Sir let us cut your hair
Because the music builds builds
And time changes its place so often
The stars came down
Our eyes rose
And the leaves weeping for their mornings
Did not move behind the water
Did not change for time
Nothing died when violins and their flowers appeared

The stars came down
Turbulent tresses
Climbed their trees
Observed the mountain with its dove-like destiny
And the chain of days that coils around itself
Like yarn from the moon

Clothes don't make the map[4]
Nor does the moon make the sea
Nor does the piano make music with all its sorrowful stars
That's the way it is even if the rain cannot explain it
Nor the weary man who sleeps in his notes
Nor the man who comes from the right with his eyes to the wind
That's the way it is and the waves tiptoe away
As if about to visit a dying man

Clothes don't make the map
Nor the carnation the sky with its mournful flocks
You stand still listening to your inner growth
The sky produces from its hand a wind of forgotten scents

---

[4] A play on "Clothes don't make the man".

Los sueños forman un archipiélago de deseos cautivos
Islas de amores recordados y colores múltiples
Cantando solas en las noches inútiles
Si un beso se liberta de los labios
Y cae como una lágrima
Quién puede volverlo a la vida con todos sus derechos

Allí estás oyéndote crecer
Tan dulce como el sol antes que aprendiera a andar
Y allí está el monte y la luna con sus palomas
Y el mar con sus ancianos y sus muertos
Y sus músicas de alma poderosa

Allí estás oyéndote crecer
Cómo la noche se te cae encima
Cómo te agobia el peso de la luna

Dreams form an archipelago of captive desires
Islands of remembered loves and multiple colours
Singing alone on useless nights
If a kiss breaks free from the lips
And falls like a tear
Who can bring it back to life with all its rights

There you are listening to yourself grow
As gentle as the sun before I learned to walk
And there is the mountain and the moon with their doves
And the sea with its elders and its dead
And its music with a mighty soul

There you are hearing yourself grow
How the night falls over you
How the weight of the moon overwhelms you

DE ALTO ABAJO

Que cante el gallo allá en su estrella
Que se crea una sonrisa de los mundos
Que se imagine la campana
Que nuestra vida salga de su interior como un buzo desgraciado
                                                          [cubierto de algas

Que la lluvia levante al mundo
Mientras las mariposas bajan de sus colores a la tierra
Y los arroyos en manos de los niños
Cantan obstinados y se quiebran como panes inocentes

El árbol tentado por la primavera
Será más grande que una música derramada
Tendrá su dulce sombrero azul
Y sus fatigas íntimas de antaño

Que ladre el perro en su planeta desolado
Que un árbol sienta sus razones de recuerdos intangibles
Que la campana se imagine
Tardes de vagabundos temblorosos en su imperio desierto
Y la canción piense en la lluvia
Que cae por su propio peso o el peso de su ternura
Un día de luz callada
Donde se encuentra el río con una flor que hace llorar al cielo
Una noche sumida en sí misma
Oyendo el paso de las estrellas en busca de sus hombres
Oyendo a los hombres en busca de sus sueños
Oyendo al árbol que aprende sus rumores
Un hombre de cabellos taciturnos
Oyendo sus recuerdos entre faroles y raíces al fondo de su cerebro
Y una música dudando entre ser agua o ser espacio

FROM TOP TO BOTTOM

May the rooster crow there on his star
May a smile be created out of worlds
May the bell be imagined
May our life emerge from its interior like a wretched diver covered
[in seaweed

May the rain lift the world
While butterflies come down from their colours to the earth
And streams in the hands of children
Sing stubbornly and break like innocent loaves of bread

The tree tempted by spring
Will be greater than wasted music
It will have its soft blue hat
And its intimate fatigue from days gone by

May the dog bark on its desolate planet
May a tree feel its reasons for intangible memories
May the bell imagine
Evenings with shivering vagrants in their desolate empire
And may the song think of the rain
Falling under its own weight or the weight of its tenderness
A day of quiet light
Where the river meets a flower that makes the sky weep
A night immersed in itself
Hearing the passage of stars seeking their men
Hearing men seeking their dreams
Hearing the tree learning its rumours
A man with taciturn hair
Hearing his memories between lanterns and roots in the deepest part of
[his mind
And a music hesitating between being water or being space

Que se imagine la campana
Dilatarse el corazón como la lluvia
Que la flor piense en sí misma
Que sienta sus colores disparando hacia todos lados
Y llore lo que se aleja día y noche
Que las montañas de esperanza muerdan la noche
Yo os ordeno deseos salir a beber agua
Prisionero de tus ojos contempla al navegante
Contempla el barco entristecido
Que hace bailar fantasmas al ruido de los vientos
Cae la noche como una idea adentro
Cae la luna caen los astros destinados a grandes cosas
Todo cae entre fantasmas y rumores
Como las sogas de la lluvia vengadora
Que quisiera ahorcar a todos los hombres

May the bell be imagined
The heart dilate like the rain
May the flower think of itself
May it feel its colours shooting all around
And mourn day and night for what is leaving
May the mountains of hope bite the night
Desires I command you to go out and drink water
Prisoner of your eyes behold the navigator
Behold the saddened ship
That makes phantoms dance to the sound of the winds
Night falls like an idea inside
Destined for great things the moon is falling the stars are falling
Everything is falling amongst phantoms and rumours
Like the nooses of the avenging rain
That would like to hang all men

HASTÍO COLOR CARNE

Heme aquí colgado a la cola de un cierto pájaro
En el resplandor del cielo en la línea donde terminan los sonidos
Los ojos abiertos con todos sus dolores
Con mis canciones errantes y mis arrogancias
Como los aleteos de los mares

Volvamos del hastío al hastío
Dadme mi angustia
Que ella me preceda como una profecía
Como la luz al auto
Y la canción al pájaro
Dadme en seguida mi dolor futuro
Y la tiniebla necesaria para un sentimiento de eternidad

Estoy cansado
De pie tras las puertas del mar
Mi pereza sube como un cohete

Fuera del tiempo y de la noche
Una pequeña cosa en mi cabeza mide el infinito
Lenta lenta
Tal como veo ahora mi pluma en el papel
Y mi alma qué deviene mi alma
Me he quedado aquí como la mirada de la novia que se fue
Lejos de mi esqueleto y de mi carne
Acostado sobre los movimientos de mi corazón

Soy responsable de todos los huracanes amargos
De todos los pájaros de dolor
Los ojos sólo tienen que elegir la forma de sus lágrimas
Y el pecho la forma de su tristeza
Porque mi esperanza se nutre del aceite de la muerte
Oh lejana ilimitada lejana

BOREDOM FLESH-COLOURED

Here I am hanging onto the tail of a particular bird
In the sky's glow at the line where sound comes to an end
Eyes open with all their sorrows
With my wandering songs and my arrogance
Like the flapping wings of the sea

Let us return from boredom to boredom
Give me my distress
May it precede me like a prophecy
Like the lights on a car
Or the song of a bird
Give me my future pain right now
And the darkness required for a feeling of eternity

I am tired
Standing behind the seas' gates
My laziness rises like a rocket

Beyond time and beyond night
A little thing in my head measures infinity
Slow slow
Just as I now see my pen on the paper
And my soul what will become of my soul
I have stayed here like the gaze of the bride who left
Far from my skeleton and from my flesh
Lying on the movements of my heart

I am responsible for all the bitter hurricanes
For all the birds of sorrow
My eyes have only to choose the form of their tears
And my breast the form of its sadness
For my hope is nurtured by the oil of death
Oh distance limitless distance

Como la estatua del horizonte cuando tiendo la mano de mis ojos
Lo mismo que el cometa que sale del canasto del cielo

Oh lejana cuánto espacio vacío hacia tu lado
Espacio inexperto sin cesar estirado
Fortificada de tempestades rodeada de fosos ópticos y sistemas planetarios

De cosas que nosotros conocemos
O que pronto conoceremos lejana
Cada vez más mirada isla barco eclipse

El mundo es reciente y el dolor antiguo
Mi desesperanza tañe en mis huesos
Y el violín de mis nervios alcanza una nota insospechable
Fabulosa como el disparo encima de la oreja
Comienzo de flor y viaje lácteo

Los días se van a lo largo del año
Lejana al fin del recuerdo petrificado
Substancia de horizonte
Tu corazón late como la respiración de las estrellas
Como una hoja que habla en secreto en la noche
Porque han matado a un hombre en medio de su esperanza

Bellos diamantes estallan como miradas cargadas en exceso
Yo sé que no has comprendido
Que no comprenderás nunca
El aliento de este astro de orgullo que se pasea por el caos
El orgullo la imprudencia han muerto un hombre en medio de su esperanza
Y el viento de la tierra se lleva su historia

Mi orgullo tu imprudencia
Viva la muerte y los saltos del alma en vacaciones

Like the statue on the horizon when I hold my hand out before my eyes
Just like the comet emerging from the sky's basket

Oh distance how much empty space there is until your side
Callow space stretched endlessly
Fortified by storms surrounded by optical ditches and planetary systems

By things that we know
Or that we will soon meet far away
More and more observation more island ship eclipse

The world is recent and the sorrow ancient
My despair chimes in my bones
And the violin of my nerves reaches an unanticipated note
Fabulous as the shot above the ear
Beginning of flowers and milky wayfaring

The days go by throughout the year
Far away at the end of petrified memory
Solid horizon
Your heart beats like the breathing of stars
Like a leaf that speaks secretly at night
Because a man has been killed amidst his hopes

Beautiful diamonds explode like overloaded glances
I know you did not understand
That you will never understand
The breath from this star of pride that wanders through chaos
Pride and recklessness have died a man in the midst of his hopes
And the wind from the earth carries his story away

My pride your recklessness
Long live death and the soul leaping on holiday

VENIDA AL TIEMPO

Nacía un árbol en la tierra
El cielo decía palabras dulces al molino
Un rebaño pasaba y era el polvo de otros mundos
Salud amiga tierra desde tus cumbres derrochando ríos

El cielo hablaba en los oídos
El molino festejaba con sus manos alegres
Porque el mar no perdía un minuto
Y el sol abría la vida con destreza

Nacía un árbol en la tierra
Y la tierra nacía en un árbol
Prodigio en cicatriz a favor del pasado
Pastor cuida tus células
Vienen las lluvias vienen los lobos sollozando vientos
Cuida tu sangre entre sus matorrales
Saluda al aire grande
Un perfume salta de su color para darse a la niña

Nacía un árbol en la tierra
Cuántos fluidos recorren los espacios
Cuánto rumor en los países
Cuántas yerbas y plumas y tibiezas para atraer los horizontes
Cuánta soltura en nuestras venas
Y esos andares a la sombra
(Esto y aquello en el cantar de la intemperie)

Vamos andando por diez mil caminos
Entre olores que se desatan
Suspendidos en su azúcar o cayendo de sus ángeles
Vamos andando llenos de palabras
Y de silencios al revés del alma

ARRIVED AT THE SAME TIME

A tree was born on the earth
The sky spoke sweet words to the mill
A flock passed by and was dust from other worlds
A toast my friend soil from your peaks pouring down rivers

The sky spoke into our ears
The mill was celebrating with its cheerful hands
Because the sea did not waste one minute
And the sun skilfully opened life up

A tree was born in the earth
And the earth was born in a tree
A marvel with scars favouring the past
Shepherd take care of your cells
The rains come the wolves come sobbing winds
Take care of your blood in its bushes
Say hello to the great gale
A perfume leaps from its colour only to yield to the child

A tree was born in the earth
How much fluid runs through these spaces
How much rumour throughout these lands
How many grasses and feathers and how much warmth to attract horizons
How much of a flow in our veins
And those walks in the shade
(This and that in the song of the open air)

We walk down ten thousand paths
Amongst odours unleashed
Suspended in their sugar or falling from their angels
We walk around full of words
And of silences topsy-turvy in the soul

Pasando entre colores como cuerpos lavados
Delirantes como aquellos que quieren ser inmortales

Nacía un árbol en la tierra
Se comentaba el calor y el heroísmo
Niña de leyendas empezadas
Como el traje de novia en lontananza

Going between colours like washed bodies
Delirious as those who wish for immortality

A tree was born in the earth
Its heat and its heroism were discussed
Daughter of legends begun
Like the bridal gown in the distance

TRANSFIGURACIÓN

Cómo hablar despertando toda cosa
Así también la fabulosa raíz del tiempo ya encarnado
Cómo decir todo lo que debiera ser aureola
En torno de la voz perdida por su propia hondura
Cómo decir lo que no quiere ser piedra coronada

Sabes que el canto de tus olas es obligatorio
Que el universo sólo descubre sus alianzas
Andando por los adentros de ti mismo
En esta amalgama de ecos
De inquietudes ahogándose en aguas sin respuesta
De mágicos desvelos
Y esta ansia de ser que somos
Estoy vivo y estaré muerto
Muerto como un sonido que atravesó la tierra

Soy el alimento de millones de años
Preparándome a través de los tiempos y los siglos
En escapadas furtivas o violentas
A través de las razas los países y los mares
Y las plantas los sonidos los colores
Dado a mí mismo por milenarias épocas
Y de ellas siendo un resumen inocente
Con sus actos y sus sentimientos
Rodando como ríos de las edades y los astros hasta mí
La angustia los tormentos
Innumerables aventuras de la piedra y el árbol
Unido siempre a esa cadena de esqueletos
Que se pierde en las noches terciarias
Y cada uno de ellos manda
Como jefe de tribu o capitán de estrellas[2]

---

[2] cf Estrella de capitán (*asterina gibbosa*), una estrella de mar

TRANSFIGURATION

How to speak awakening everything
So too the fabulous root of time already created
How to say that which should be halo
Around the voice lost in its own depths
How to say what refuses to be a capstone

You know that song of your waves is required
That the universe only discovers its alliances
Going through your innermost thoughts
In this amalgam of echoes
Of worries drowning in unanswered waters
Of wonderful vigils
And this yearning to be what we are
I am alive and I will be dead
Dead as a sound that crossed the earth

I am the nutrient of millions of years
Preparing myself through the ages through the centuries
For furtive or violent escapes
Through races through countries through seas
And through plants through sounds through colours
Given to me personally though ancient times
And being an innocent summary of them
With their actions and their feelings
Rolling towards me like rivers of the ages and the stars
The anguish the torments
Countless adventures of stones and trees
Always attached to that chain of skeletons
Which gets lost on tertiary nights
And each one of them gives commands
Like a tribal chief or star captain[5]

---

[5] The original appears to be a play on the name of the starfish, *asterina gibbosa*, known in Spanish as *estrella de capitán*

Y cada uno sufre y ve y anda
Y cada uno canta
Y cada uno guarda su pasión encendida
Su amor enloquecido y tal vez transmisible

Y cada uno ríe
Y odia y se encabrita como las narices del caballo ante el miraje
Y cada uno piensa
Y cada uno oye por todas sus hojas y por todos sus poros
Y cada uno lleva su lepra legendaria
Y sus auroras explosivas
Y todos se me agolpan unidos por el ansia
De ser vibración propia en los paisajes

Y allí estás hecho árbol por exceso de piedra
Hecho animal por exceso de árbol
Hecho hombre por exceso de animal taciturno
Allí estás tan doloroso en tus huesos pensadores
Tan acostumbrado a tu carne profética
Y tan feliz sobre tu sexo irresponsable
Que pareces una proa en el mar
En medio de ojos espantados
Y de esperanzas sonriendo en las arterias

And each one suffers and sees and walks
And each one sings
And each one keeps his passion burning
His love crazed and perhaps communicable

And each one laughs
And hates and flares like a horse's nostrils before the mirage
And each one thinks
And each one hears through all his leaves and through all his pores
And each one wears his legendary leprosy
And his explosive auroras
And all of them crowd around me united by the longing
To be their own vibration in the landscape

And there you are turned into a tree by an excess of stone
Turned into an animal by an excess of tree
Turned into a man by an excess of taciturn animal
There you are so painful in your thinker's bones
So accustomed to your prophetic flesh
And so happy with your irresponsible sex
That you look like a prow in the sea
Amidst frightened eyes
And hopes smiling in your arteries

ENTRE UNO Y OTRO

No mil veces redonda noche de este no
No he de caer en el vacío entre dos astros
En la angustia y el vértigo
Prefiero la pureza de un ojo niño
Exactamente del color del campo
Y con todas sus distancias llenas de cosas estremecidas

Quiero un hálito de presagios
Sobre ese mismo mar donde pacen los barcos
Donde antaño cantaron ciertas algas en sus cabellos locos

Hay despedidas en el fondo de mi alma
O en alguna célula mía que va tras un reflejo
¿Es ella o eres tú?
Substancia de mis éxtasis
Adentro de mi flor inaccesible

El cielo cae en ruinas y ella avanza
Se viste de horas y de años
Para esperar el saludo de sus estrellas
Se hace luz y sonríe porque sabe
Que es proyecto del tiempo y que viene en la luz
La luz que ella nutre de cabellos y ojos encontrados

¿Oyes ese ruido de nubes?
¿Te quedas o nos vamos?
Heme aquí de árbol en tu puerta
Atormentado de lejanías en distinta edad
Viendo la muerte que se desliza por los techos
Soñando un equilibrio de flores y deberes
Escuchando las hojas del recuerdo
Y el ruego de un profundo sentido que se muere

BETWEEN ONE AND THE OTHER

No thousandfold circular night of this no
I shall not fall into the void between two stars
Into anguish and vertigo
I prefer the purity of a child's eye
Exactly the colour of the field
And with all its distances filled with shivering things

I want a breath of premonition
On that same sea where ships graze
Where once some seaweed sang in their crazy hair

There are farewells in the depths of my soul
Or in some cell of mine that goes behind a reflection
Is it she or is it you?
Substance of my ecstasy
Inside my inaccessible flower

The sky falls into ruins and she moves forward
Dressed in hours and years
To await the greeting from her stars
Turns into light and smiles because she knows
That she is a project of time and that she comes in light
The light that she nourishes with hair and eyes she'd found

Do you hear the sound of those clouds?
Are you staying or shall we leave?
Here I am like a tree at your door
Tormented by distances in a different age
Watching death creep across the rooftops
Dreaming a balance of flowers and duties
Listening to the leaves of memory
And the plea for a deep feeling that is dying

A esto se reduce tanto mar en el alma
Ambición de una gota respirando
El aire fresco de las golondrinas
Sentir tu fuerza contra el otoño
Tener entre mis manos tus mejillas
Mirar esa sonrisa que abre las alas
Cuando en mis sueños te regalo estrellas

So much sea is reduced to this in my soul
The yearning of a single living droplet
The fresh air of swallows
Feeling your strength against autumn
Holding your cheeks in my hands
Looking at that smile that opens its wings
When in my dreams I give you stars

VIAJERO SIN FIN

Es increíble que la vida no se entregue
Con sus huesos invitados
Y sus palabras devoradoras de cielo transitorio
Es imposible que la muerte se supere
Y se haga un gran camino de meteoros melancólicos

Vivo en lámpara atenta y todo inútil
En amistad con las estrellas
En ramaje de océanos
Y nada se ha logrado

Bosque de grandes cedros conoce a tu hijo
Las aguas miserables
La caravana de peces prodigiosos
Atraviesa los mares desde millones de años
¿Y cuál es el objeto?
Montaña de grandes olas conoce a tu hijo

El cielo nace encima de los sombreros
Y de las plumas que se ejercitan contra el frío
La tierra se forma y se deforma
Debajo de las camisas tendidas al calor
Mientras el agua baila y estornuda
Para guardar su olor a risa

Nada sabemos con el cuerpo entero
Si el mar saca la oreja y pregunta
De qué están hablando y qué es lo que esperan
Nadie podría responder

Vive la tierra con sus montañas
Y sus aguas presentes

NON-STOP TRAVELLER

It is unbelievable that life does not give up
With its invited bones
And its devouring words of transient sky
It is impossible for death to be overcome
And be turned into a great path for melancholy meteors

I live in a watchful and completely useless lamp
In friendship with the stars
In ocean foliage
And nothing has been achieved

Forest of great cedars this is your son
The wretched waters
The caravan of prodigious fish
Crossing the seas for millions of years
And to what end?
Mountain of great waves this is your son

The sky rises above our hats
Above the feathers training against the cold
The earth forms and deforms
Under shirts stretched out in the heat
While the water dances and sneezes
To save its scent of laughter

There is nothing we know with our entire body
If the sea sticks out an ear and asks
What are they talking about and what are they waiting for
No one could answer

The land lives with its mountains
And its present waters

Pasa
Va caminando hacia la muerte

Los suspiros de carne y hueso
Detestan su destino
Y aprenden a llorar
Y se convierten en fuentes de riqueza
Para los campos olvidados

Vienen los ojos muriéndose de agua
Uno es el cisne del azar que sufre
El otro el fruto de lengua crecedora
Y ambos forman la esfinge de quimera helada
La esfinge atraída por el pánico
Descubriendo ventanas sin objeto
O creyendo encontrar su sangre en las memorias
O acaso en profecías de rompibles cristales

A ella viene también
Adentro de su andar hay un vuelo de luto
Se agita el mar y las piedras se contemplan
El cielo baja hasta mi pluma y se humedece
Se ensancha la negrura que pretende a luz
El cielo anda sobre grandes anhelos
Cambia los árboles por ansias devorantes
Arranca de sus lágrimas algunos barcos con sus noches caídas
Y queda el tiempo sin moverse
Abandonado en su silencio
Esperando sin ninguna esperanza
De la hora que se abre
Sale un árbol angustiado
Pasa la tierra con sus aguas
Buscando un mármol para dormir debajo

Passes by
Walking towards death

The sighs of flesh and blood
Despise their destiny
And learn to weep
And they become sources of wealth
For forgotten fields

The eyes arrive dying of water
One is the random suffering swan
The other the fruit of a growing tongue
And both form the sphinx of frozen chimera
The sphinx drawn by panic
Discovering windows with no purpose
Or believing it will find its blood in memories
Or perhaps in prophecies of breakable crystals

It comes to her too
Within its gait there is a mourning flight
The sea roils and the stones observe one another
The sky comes down to my feather and gets wet
Blackness spreads pretending to be light
The sky moves over great desires
Swaps trees for all-consuming cravings
From its tears it pulls out some ships with their fallen nights
And time remains motionless
Abandoned in its silence
Waiting with no hope at all
For the hour of opening
An anguished tree comes out
Crosses the earth with its waters
Searching for marble under which to sleep

SINO Y SIGNO

Has hablado bastante y no te agrada
No te gusta mostrar tus vísceras secretas
Y sin embargo vuelves a caer en ello
Protestas y repites la causa que te irrita

Hablas te exhibes te rompes la carne
Y permites la entrada a los ojos intrusos
Quieres cortar las cuerdas que te unen a los otros
Y vuelves a anudarlas
Coges el aire lo haces tuyo y lo regalas
Conquistas horizontes y los repartes
Haces luz en la sombra y la entregas
Como un paquete de soledades arrepentidas de su propia fuerza
¿Qué entierro es éste en que te entierras
En los pechos extraños?

Te exaltas y te ablandas
Te ablandas y te haces flecha de corazón
Más ciego que cualquier huracán
Hablas y protestas
Y vuelves a hablar y a protestar
Te haces árbol y das tus hojas a los vientos
Te haces piedra y das tu dureza a los ríos
Te haces mundo y te disuelves en el mundo
Oh voluntad contraria en todo instante
Favor de tierra y grandes fríos y calores
Todo grano ¡malhaya! lleva signos futuros
Un destino de ola que debe hacer su ruido
Y morir dulcemente

Has hablado bastante y estás triste
Quisieras un país de sueño
Donde las lunas broten de la tierra

FATE AND DESTINY

You've talked quite a lot and you don't like it
You don't like showing off your secret viscera
And yet you fall back into it again
You protest and repeat the cause of your irritation

You talk you show off you tear the flesh
And you allow intrusive eyes to enter
You want to cut the ropes that bind you to others
And then knot them once again
You take the air you make it your own and you give it away
You conquer horizons and you divide them
You make light in the shadow and you give it away
Like a bundle of lonelinesses repenting their own strength
What burial is this where you bury yourself
In strange breasts?

You get excited and you get soft
You soften and make yourself an arrow to the heart
Blinder than any hurricane
You speak and you protest
And you speak and protest again
You turn into a tree and give your leaves to the winds
You turn into stone and give your hardness to the rivers
You turn into the world and you dissolve into the world
O contrary will at all times
Favour of earth and great cold and heat
Every grain – damn it! – carries future signs
A wave's destiny that must make its sound
And die sweetly

You've talked enough and you're sad
You would like a land of dreams
Where moons sprout from the earth

Donde los árboles tengan luz propia
Y te saluden con voz tan afectuosa que tu espalda tiemble
Donde el agua te haga señas
Y las montañas te llamen a grandes voces
Y luego quisieras confundirte en todo
Y tenderte en un descanso de pájaros extáticos
En un bello país de olvido
Entre ramajes sin viento y sin memoria
Olvidarte de todo y que todo te olvide

Where trees have a light of their own
And greet you with a voice so affectionate that your back shivers
Where the water beckons to you
And the mountains call out to you in loud voices
And then you would like to be confused by everything
And lie down to take rest from ecstatic birds
In a beautiful land of oblivion
Amongst branches with no wind and with no memory
Forgetting everything and letting everything forget you

VERSIONES EN FRANCÉS

VERSIONS EN FRANÇAIS

FRENCH VERSIONS

THERMOCŒUR

Beaux paradis de santé, dynamo de la saison représentant sa décharge de musique quand le roi traverse l'Océan universel

Le brouillard s'arrange comme une installation de femme orientale sans goût d'Europe ni porcelaine. Il fait froid. C'est un hiver froid comme une menthe et je cherche en vain une fleur spéciale longtemps perdue

Fleur au caractère un peu triste. Fleur en peignoir de soie plus joli que l'habit de tempête, plus désirable que l'initiateur que celui qui réchauffe de son cœur l'hiver de ta peau blanche ta peau encore ignorant comme un agneau aux yeux de chérubin

Tu connaîtras la secousse sismique des artères et les cris qui s'envolent entre deux baisers mortels lorsque j'ouvrirai pour toi la féerie de ma science

Toutes les hélices de l'aérodrome de ton âme tourneront à la folie

Tu connaîtras les secrets de mes jardins la situation parfaite de l'ombre épuisée sous l'avenue des cils. Les beaux pulpes mouillés

La cascade des parfums pour les marins qui pleurent

Derrière la vitrine des yeux tu verras mon âme qui éclate en lumières inconnues. Elle est pure malgré ce que l'on t'a dit

Le fabuliste quotidien ment par manque d'imagination

Rien ne vaut rien. Seulement ce ciel baptisé par tes yeux ce ciel intime petit entre deux colombes colonisé par deux roucoulements

Je te ferai voir ton propre soleil interne et je t'apprendrai à nommer tes satellites à travers les panoramas d'échos bleus comme les paradis de coquillages

Nous irons seuls sur les chemins de la nuit

Tu sentiras l'angoisse de la gorge quand on répare le troupeau de loups en panne

Le miracle tremble comme un drapeau drap du soleil. Je dis adieu. Adieu Sultane spécialisée dans l'amour lent lent comme les adieux du soleil

À quoi bon les laboratoires et les géographies des passions. Mon sang connaît bien plus et personne n'atteint la température de mon regard

THERMOHEART

Beautiful paradise of health, seasonal dynamo depicting its playing of music when the king crosses the universal Ocean

The mist settles like an oriental woman's furnishings with neither European taste nor porcelain. It is cold. It is a winter cold as mint and in vain I search for a special long-lost flower.

Flower of a somewhat sad character. Flower in silk *peignoir*, prettier than the dress of storms, more desirable than the pioneer, than the one who warms the winter of your white skin with his heart, your skin still unaware like a lamb with cherub's eyes

You will know the seismic tremor of the arteries and the groans propelled between two mortal kisses when I open for you the enchantment of my science

All the propellers on your soul's aerodrome will rotate madly

You will know the secrets of my gardens the perfect location of the shadow exhausted under the avenue of eyelashes. The beautiful wet octopuses

Behind the window of my eyes you will see my soul exploding in unknown lights. It is pure no matter what they tell you

The everyday fabulist lies for lack of imagination

Nothing matters at all. Only this sky baptised by your eyes this intimate sky tiny between two doves colonised by two cooing

I will make you see your own inner sun and teach you to name your satellites through panoramas of blue echoes like paradises of shellfish

We will walk along the paths of night alone

Anxiety will grip your throat when they repair the stalled wolf pack

The miracle trembles like a piece of cloth made of sunshine. I say farewell. Farewell Sultana specialist in slow love slow as the sun's farewells

What use are the laboratories and geographies of passion? My blood knows much more and no one has yet achieved the temperature of my gaze

Ah mon âme électrique tendresse accumulateur de siècles jusqu'à la fin de l'homme

Je suis le capitaine de vaisseau qui cherche une île perdue comme la mort.

Ah, my electric soul tenderness accumulator of centuries until the end of mankind. If you had understood, he would never have walked away.

I am the ship's captain searching for an island as remote as death.

IMPOSSIBLE

Impossible de savoir quand ce coin de mon âme s'est endormi
Et quand il reviendra de nouveau prendre part à mes fêtes intimes
Ou si ce morceau est parti pour toujours
Ou bien s'il a été volé et se trouve intégral dans un autre

Impossible de savoir si l'arbre primitif en dedans de ton être sent
                                          encore le vent millénaire
Si tu te rappelles le chant de la mère quaternaire
Et les grands cris de ton rapt
Et la voix gémissante de l'océan qui venait d'ouvrir les yeux
Et battait des mains et pleurait dans son berceau

Pour vivre nous n'avons plus besoin de tant d'horizons
Les têtes de pavots que nous avons mangées souffrent pour nous

Mon figuier parle pour une partie de moi-même
Je suis proche et lointain
J'ai des centaines d'époques dans mon bref temps
J'ai des milliers de lieues dans mon être profond
Des cataclysmes de la terre des accidents de planètes
Et quelques étoiles en deuil

Te rappelles tu quand tu étais un son parmi les arbres
Et quand tu étais un petit rayon vertigineux

Aujourd'hui nous avons la mémoire trop chargée
Les fleurs de nos oreilles pâlissent
Parfois j'ai des reflets de plumes dans ma poitrine

Ne me regarde pas avec tant de fantômes
Je veux dormir je veux entendre à nouveau les voix perdues
Comme les comètes qui ont passé à d'autres systèmes

IMPOSSIBLE

Impossible to know when that corner of my soul has fallen asleep
And when will you take part again in my intimate celebrations
Or if that piece has gone forever
Or even if it were stolen and were found intact elsewhere

Impossible to know if the primitive tree inside your being still feels the
[ancient wind
If you remember the quaternary mother's song
And the great cries from your abduction
And the sobbing voice of the ocean that had just opened its eyes
And waved its hands and cried in its cradle

To live we do not need so many horizons
The poppy heads that we have eaten are suffering for us

My fig tree speaks for a part of my self
I'm nearby and I'm far away
I have hundreds of epochs in my brief time
I have thousands of leagues in the depths of my being
Earthly cataclysms planetary accidents
And some stars in mourning

Do you remember when you were a sound amongst the trees
And when you were a tiny lightning bolt

Now our memory is overloaded
The flowers in our ears go pale
Sometimes I see reflections of feathers on my chest

Don't look at me with so many phantoms
I want to sleep I want to hear the lost voices once again
Like comets that have passed on to other systems

Où étions-nous   Dans quelle lumière dans quel silence
Où serons-nous
Tant de choses tant de choses tant de choses

Je souffle pour éteindre tes yeux
Te rappelles-tu quand tu étais un soupir entre deux branches

Where were we   In what kind of light in what kind of silence?
Where will we be
So many things so many things so many things

I puff to blow out your eyes
Remember when you were a sigh between two branches

SEUL

Seul seul entre la nuit et la mort
Marchant au milieu de l'éternité
Mangeant un fruit au milieu du néant
La nuit la mort   Le mort planté dans l'infini
La terre s'en va la terre revient

Seul avec une étoile en face
Seul avec un grand chant dedans et nulle étoile en face

La nuit et la mort
La nuit de la mort
La mort de la nuit
Si loin si loin
Le monde s'en va par les vents
Et un chien aboie d'infini cherchant la terre perdue

ALONE

Alone alone between night and death
Walking in the midst of eternity
Eating fruit in the midst of the void
Night death   The dead man planted in infinity
The earth leaves the earth returns

Alone with a star facing me
Alone with one great song inside and no stars facing me

Night and death
Night of death
The death of night
So far so far away
The world leaves on the winds
And a dog howls from infinity searching for the lost land

ENNUI COULEUR CHAIR

Me voici accroché à la queue d'un certain oiseau
Dans la lueur du ciel à la même ligne où finissent les sons
Les yeux ouverts avec toutes ses souffrances
Avec mes chansons filantes et mes arrogances
Pareil au battement d'ailes de l'océan

Revenons de l'ennui à l'ennui
Donnez-moi mon angoisse
Qu'elle me précède comme une prophétie
Comme la lumière l'auto
Et le chant l'oiseau
Donnez-moi tout de suite ma douleur future
Et les ténèbres nécessaires pour un sentiment d'éternité

Je suis las
Debout derrière les portes de la mer
Ma paresse monte comme une fusée

Hors du temps et de la nuit
Une petite chose dans ma tête mesure l'infini
Lente lente
Telle que je vois maintenant ma plume sur le papier

Et mon âme que devient-elle mon âme
Je suis resté ici comme le regard de la fiancée partie
Loin de mon squelette et de ma chair
Couché sur les mouvements de mon cœur

Je suis responsable des ouragans amers
De tous les oiseaux de douleur

Les yeux n'ont qu'à choisir la forme de leurs larmes
Et la poitrine la forme de sa tristesse

BOREDOM FLESH-COLOURED

Here I am hanging onto the tail of some kind of bird
In the sky's glow on the line where sounds end
Eyes open with all their sorrows
With my wandering songs and my arrogance
Like the ocean's wings beating

Let's return from boredom to boredom
Give me my anguish
May it precede me like a prophecy
Like lights before a car
Or a bird's song
Give me my future sorrow at once
And the darkness needed for a feeling of eternity

I am weary
Standing behind the sea's gates
My laziness rises like a rocket

Beyond time and night
A little thing in my head measures infinity
Slow slow
Just as I now see my pen on the paper

And my soul what is will become of my soul
I stayed here like the gaze of the departed bride
Far away from my skeleton and my flesh
Lying on the movements of my heart

I am responsible for all the bitter hurricanes
For all the birds of sorrow

My eyes have only to choose the form of their tears
And my chest the form of its sadness

Car mon espoir se nourrit dans l'huile de la mort
Oh lointaine illimité lointaine
Comme la statue de l'horizon quand je tends la main de mes yeux
Ainsi que la comète qui sort de la poche de Dieu

Oh lointaine combien d'espace vide de ton côté
Espace maladroit sans cesse étiré
Fortifiée de tempêtes entourée de fossés optiques et systèmes planétaires
De choses que nous connaissons
Ou que nous connaîtrons bientôt lointaine
De plus en plus regard île bateau éclipse

Le monde est récent et la douleur ancienne
Mon désespoir tinte dans mes os
Et le violon des nerfs atteint une note insoupçonnable
Fabuleuse comme le coup de revolver à côté de l'oreille
Commencement de fleur et voyage lacté

Les jours s'en vont tout le long de l'année
Lointaine au bout du souvenir pétrifié
Substance d'horizon
Ton cœur bat comme la respiration des étoiles
Telle une feuille qui parle en secret dans la nuit
Parce qu'on a tué un homme au milieu de son espoir

Des beaux diamants éclatent comme des regards trop chargés
Je sais que tu n'as pas compris
Que tu ne comprendra jamais
Le souffle de cet astre d'orgueil qui se promène dans le chaos
L'orgueil l'imprudence a tué un homme au milieu de son espoir
Et le vent de la terre emporte son histoire

    Mon orgueil
                    ton imprudence

Vive la mort et les sauts de l'âme en vacances

For my hope is nourished by the oil of death
O distance limitless distance
Like the statue on the horizon when I reach out the hand of my eyes
As well as the comet emerging from God's pouch

Oh distance how much empty space from your side
Awkward space constantly stretched
Fortified by storms surrounded by optical ditches and planetary systems
By things we know
Or that we will soon meet in the distance
More and more gaze island boat eclipse

The world is recent and sorrow ancient
My despair tingles in my bones
And the violin of my nerves reaches an undetectable note
Fabulous as the revolver shot next to the ear
Beginning of flowers and milky wayfaring

The days go by throughout the year
Far off at the end of petrified memory
Solid horizon
Your heart beats like the breathing of stars
Like a leaf that speaks secretly at night
Because a man has been killed in the midst of his hope

Beautiful diamonds explode like overloaded gazes
I know you have not understood
That you will never understand
The breath from this star of pride that wanders through chaos
Pride recklessness have killed a man in the midst of his hope
And the wind from the earth takes his story away

    My pride
                your recklessness

Long live death and the soul leaping on holiday

NOTES ON THE TEXT

El ciudadano del olvido was published in 1941 by Ediciones Ercilla in Santiago, Chile. Like its twin, *Ver y palpar*, published by the same house in the same year, it was well-designed and showed the use of a typesetter and/or designer who knew how to lay out poetry well. This had not always been the case with the author's earlier collections.

We have followed the text of the first edition, but have made corrections where the 2003 edition of the author's *Obra poética* indicates an error. The editors of that edition had the opportunity to consult various manuscripts and fair copies, which was not the case with the earlier editions of Huidobro's *Collected Works* in 1954 and 1966.

The poems contained in the book had been previously published as follows:

'Atmósferas sin retorno' was published in the magazine *PRO* (Santiago, September 1934).

'Imposible' appeared in *La Nación* (Buenos Aires, 4 December 1932), and was subsequently reprinted in the anthology, *Antología de la poesía nueva chilena* [Anthology of the New Chilean Poetry], edited by Eduardo Anguita and Volodia Teitelboim (Santiago, 1935).

'Para llorar' also first appeared in the *Antología de la poesía nueva chilena* (1935).

'Solo' first appeared in *La Nación* (Buenos Aires, 4 December 1932).

'Tríptico a Stéphane Mallarmé' appeared in the magazine *Sur* (Buenos Aires, March 1936).

'Tiempo de alba y vuelo' appeared in the magazine *Total*, n° 1 (edited by Huidobro, Santiago, Summer 1936).

'Aquí estamos' appeared in *Total*, n° 2 (edited by Huidobro, Santiago, July 1936).

'La raíz de la voz' appeared in *La Nación* (Buenos Aires, 10 January 1937).

'Hastío color carne' first appeared in the anthology, *La poesía chilena moderna* [Modern Chilean Poetry], ed. R. Azócar (Santiago: Ediciones Pacífico del Sur, 1931).

'Venida al tiempo' appeared in the magazine *Multitud*, 1:16 (edited by Pablo de Rop=kha, Santiago, April 1939).

Dates of composition of the poems in *El ciudadano del olvido* are mostly unclear.

FRENCH VERSIONS

'Thermocœur' is a French version of 'De vida en vida' (p. 32) and was published in *Feuilles volantes*, Paris, 1 June 1928).

'Impossible' is a French version of 'Imposible' (p. 54); first printed in the magazine *Vertigral* (Paris, July 1932), with a note to the effect that it was derived from the book *Au Revoir 1923–1926*, a volume that never saw the light of day. Mentions like this of "forthcoming books by the author" in Huidobro's contributor's notes frequently featured titles that were never mentioned again, but they indicate intentions and plans that remain interesting.

'Seul' is a French version of 'Solo' (p. 80), and appeared in *Vertigral* (Paris, July 1932).

'Ennui couleur chair', a French version of 'Hastío color carne' (p. 188), appeared in the magazine *Bifur* (Paris, December 1929).

All of the texts of the French versions here are drawn from Huidobro's *Obra poética* (ed. Cedomil Goic, 2003); several spelling errors, such as single letters where doubles are required, and reversed accents, have been silently corrected. The French texts differ, in greater or lesser degree, from the Spanish versions, but not dramatically so, apart from some lines dropped in 'Thermocœur', and a fig tree replacing an almond tree in 'Impossible'.

www.ingramcontent.com/pod-product-compliance
Lightning Source LLC
Chambersburg PA
CBHW030853170426
43193CB00009BA/600